지구에는 어떤 나라들이 있을까?

한눈에 쏙 세계 도감

북장단

세계는 연결되어 있어!

올림픽이나 패럴림픽을 보면 세계에는 참 다양한 나라들이 있다는 사실을 알 수 있어요. 출전하는 선수들이 자신의 나라뿐만 아니라 다른 나라의 경기나 국가(國歌)에도 경의를 표하고 있는 모습을 본 적이 있나요?

세계에는 약 200개의 나라가 있어요. 각각의 나라들은 자기들만의 역사를 써 왔답니다. 우리는 우리와 조금 다르다고, 다른 나라의 사람들을 무시해서는 안 돼요. 현대는 '다문화 공생 사회'라고 불려요. 이 말은 "국적, 민족, 종교, 습관 등이 다른 사람들이 각각의 문화의 차이를 인정하면서, 평등한 관계를 맺고 더불어 살아간다"라는 의미예요.

그러한 사회를 만들기 위해서는 다양한 문화가 존재한다는 사실을 알고 구체적으로 이해하려고 하는 태도가 필요해요. 다른 나라의 문화를 이해하는 것은, 우리나라의 문화에 대한 의식이나 이해가 깊어지는 것과도 긴밀한 관계가 있거든요.

이 책이 그 첫걸음으로서 도움이 된다면 정말로 기쁠 것 같습니다. 세계의 여러 나라를 재미있게 알아보며 세상을 보는 눈을 넓혀요!

이토 가이치

이 책을 읽는 방법

이 책에는 총 200개의 나라가 등장해요. 대한민국을 시작으로, 지역을 대표하는 나라 중심으로 소개되어 있답니다. 각 장의 시작에는 지역별 지도가 있고, 지역에는 나라를 소개하는 페이지 번호가 적혀 있어요.

국명
우리나라에서 주로 사용되고 있는 이름을 크게 적었으며, 정식 명칭이 다른 경우에는 괄호 안에 같이 적었어요.

나라의 상징
동물을 포함해서 그 국가를 상징하는 것을 일러스트로 소개하고 있어요.

지역 구분
국제연합의 세계 지리 구분 등을 참고하여 여섯 대륙을 18개의 지역으로 나누어 소개하고 있어요.

국기
가로세로 비율은 나라에 따라 차이가 있지만, 이 책에서는 세로 2 : 가로 3(국제연합 기준) 원칙에 맞추어 통일되어 있어요.

수탉
수탉은 프랑스어로 '골루아'예요. 프랑스인의 선조인 갈리아인이라는 의미도 있어요.

서유럽
프랑스
[프랑스 공화국]

유럽 / 프랑스

큰 소리로 우는 수탉은 프랑스의 높은 긍지를 나타내고 있어요.

수도 : 파리
통화 : 유로
면적 : 55만 1500km²(한국의 약 5.5배)
인구 : 6281만 4천 명
인구밀도 : 113.8명/km²
언어 : 프랑스어(공용어)
종교 : 기독교 등
주요 특산품 : 보리, 아마①, 와인, 치즈, 항공기 등
주요 무역국 : 독일, 벨기에, 이탈리아, 스페인 등

▎관광객 수 세계 1위를 자랑하는 미식과 패션, 예술의 나라. 농업, 공업도 활발해요

서부는 대서양, 남부는 지중해에 접해 있는 서유럽에서 면적이 가장 넓은 나라예요. 따뜻한 기후와 광대한 토지를 살린 농업부터, 항공기와 우주산업 등 최첨단 공업들도 활발하게 발달해 있어요. 특히 와인의 산지로서 유명해서 이탈리아와 세계 1위의 자리를 두고 겨루고 있어요. 보르도 지방, 부르고뉴 지방, 샴파뉴 지방이 프랑스 와인의 3대 명산지예요.

수도 파리는 화가, 음악가, 패션 디자이너 등 여러 장르의 예술가가 모여드는 예술의 도시예요. 루브르박물관을 시작으로, 예술 명소가 가득하답니다.

● 국기의 의미 : 파란색은 자유, 흰색은 평등, 빨간색은 박애를 나타내요. 라 트리콜로르라고 불리며, 프랑스 혁명의 상징이에요.
● 이 점이 대단해요! : 고속철도 TGV는 프랑스 본토는 물론이고 스위스나 독일, 이탈리아 등의 다른 나라까지도 타고 갈 수 있어요.

주요 도시는 인구가 많은 순으로 실려 있어요.
산, 강, 사막, 세계유산은 대표적인 것만 다루고 있으며 모든 것이 나와 있지는 않아요.

기본 정보

수도, 통화, 면적, 인구, 인구밀도, 언어, 종교, 주요 특산품, 주요 무역국을 적었어요. 출처, 시기에 따라 다양한 수치가 있기 때문에, 우리가 알고 있던 수치와는 조금씩 다를 수 있어요. 이 책에서는 기본적으로 『CIA 월드 팩트북』 웹사이트를 기초로 작성했으며, 해외 영토는 포함하지 않았어요. 인구는 2021년 7월을 기준으로 작성했으며(1000명 미만의 자릿수는 버림), 인구밀도는 면적과 인구로 산출(소수점 두 번째 이하는 버림)했어요. 세계에서 면적, 인구, 인구밀도가 각각 1위인 국가에는 왕관을, 특산품 생산량이 1위인 경우에는 ①을 붙였어요.

1분 만에 싹 알아보는 프랑스

유럽 — 프랑스

파리의 센강
센강에 떠 있는 시테섬에 켈트계 사람들이 살기 시작한 것이 파리의 기원이에요. 세계문화유산지구에는 노트르담 대성당, 루브르박물관, 에펠탑 등 파리의 역사가 담겨 있어요.

몽생미셸
생말로만의 작은 섬에 우뚝 솟은 수도원. 호수의 간만의 차가 15m나 돼서, 지금은 다리로 이어져 있으나 과거에는 만조가 되면 걸어서 오갈 수 없었어요. 폭신폭신한 오므라이스가 명물이에요.

칸 국제 영화제
1946년부터 시작된 영화제. 최고상은 황금종려상이라고 불려요. 2019년에는 봉준호 감독의 우리나라 영화 「기생충」이 수상했어요.

지도 라벨: 도버 해협, 영국 해협, 대서양, 생말로, 브르타뉴반도, 파리, 센강, 쥐라산맥, 루아르강, 리옹, 피레네산맥, 퓌산맥, 툴루즈, 몽블랑, 알프스산맥, 마르세유, 니스, 지중해, 코르시카섬, 비스케이만

퀴즈: 알프스산맥의 최고봉과 같은 이름을 가진 과자는?
ⓐ 에클레어
ⓑ 마카롱
ⓒ 몽블랑

특종!
볼거리나 먹거리 등 그 나라에서 볼 수 있는 것들을 다루고 있어요.

퀴즈
그 나라에 관련된 퀴즈예요. 답은 동일한 페이지의 아래에 숨겨져 있어요.

국토
해외 영토는 포함하지 않았어요.

각 나라의 지도에서 사용되는 기호
- 수도 ———— ⦿
- 주요 도시 ———— ◎
- 주요 산 ———— ▲
- 사막 ————
- 세계문화유산 ———— 🏛
- 세계자연유산 ———— 🌳

● 한국과의 관계 : 프랑스는 문화 대국인 만큼 유럽에서 한류가 인기를 끌고 있는 대표적인 나라이기도 해요.
● 놀랄 만한 이야기! : 프랑스의 학교에서는 점심에 밥을 먹으러 집으로 돌아가는 것이 원칙이에요. 급식도 선택할 수는 있지만, 도시락은 금지!

퀴즈의 정답: ⓒ 몽블랑. '하얀 산'을 의미해요. 해발 4810m로 유럽에서 두 번째로 높은 산이에요.

추가 정보
국기의 의미, 들으면 놀랄 만한 이야기 등을 소개하고 있어요.

머리말 •2
이 책을 읽는 방법 •4

1장 지구에는 어디에 어떤 나라들이 있을까?

세계지도① 여섯 대륙과 18개의 지역 •12
세계지도② 세계 곳곳의 여러 기후 •14
세계지도③ 한국과의 시차 •16
세계의 나라① 세계에는 몇 개의 나라가 있을까? •18
세계의 나라② 누가 나라를 다스리고 있을까? •19
세계의 언어 가장 많이 사용되고 있는 언어는? •20
세계의 종교 종교를 살펴보면 그 나라를 알 수 있다! •22

2장 아시아

〈동아시아〉
한국 •26 중국 •28 일본 •30 대만 •32
홍콩 •33 북한 •49 몽골 •49

〈동남아시아〉
인도네시아 •34 태국 •36 싱가포르 •37
말레이시아 •38 필리핀 •39 베트남 •49
미얀마 •49 캄보디아 •50 라오스 •50
브루나이 •50 동티모르 •50

〈남아시아〉
인도 •40 방글라데시 •50 파키스탄 •50
스리랑카 •51 네팔 •51 몰디브 •51 부탄 •51

〈중앙아시아〉
카자흐스탄 •51 우즈베키스탄 •51
투르크메니스탄 •52 키르기스스탄 •52
타지키스탄 •52

〈서아시아〉
사우디아라비아 •42 튀르키예 •44 이란 •46
아랍에미리트 •47 이스라엘 •48 이라크 •52
카타르 •52 쿠웨이트 •52 오만 •53 레바논 •53
아제르바이잔 •53 요르단 •53 바레인 •53
예멘 •53 키프로스 •54 시리아 •54
아프가니스탄 •54 조지아 •54 팔레스타인 •54
아르메니아 •54

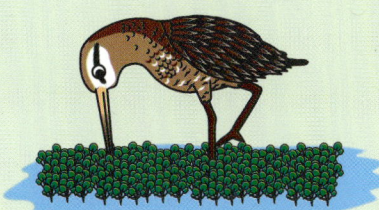

유럽

〈서유럽〉

독일 • 58 영국 • 60 프랑스 • 62 네덜란드 • 64 스위스 • 66 벨기에 • 68 오스트리아 • 69
아일랜드 • 70 룩셈부르크 • 74 모나코 • 74 리히텐슈타인 • 74

〈북유럽〉

스웨덴 • 71 노르웨이 • 72 덴마크 • 73 핀란드 • 74 리투아니아 • 75 라트비아 • 75
에스토니아 • 75 아이슬란드 • 75

〈남유럽〉

이탈리아 • 76 스페인 • 78 포르투갈 • 80 그리스 • 80 크로아티아 • 80
슬로베니아 • 80 세르비아 • 80 보스니아 헤르체고비나 • 80
알바니아 • 81 몰타 • 81 북마케도니아 • 81 코소보 • 81 몬테네그로 • 81 안도라 • 81
산마리노 • 81 바티칸 시국 • 81

〈동유럽〉

러시아 • 82 폴란드 • 84 체코 • 85 루마니아 • 85
헝가리 • 85 우크라이나 • 85
슬로바키아 • 86 불가리아 • 86 벨라루스 • 86
몰도바 • 86

4장 아프리카

〈북아프리카〉

이집트 • 90 알제리 • 94 모로코 • 94 튀니지 • 94 수단 • 94 리비아 • 95

〈동아프리카〉

케냐 • 91 에티오피아 • 95 탄자니아 • 95 우간다 • 95 잠비아 • 95 모잠비크 • 95
짐바브웨 • 96 모리셔스 • 96 마다가스카르 • 96 르완다 • 96 말라위 • 96 남수단 • 96
지부티 • 96 부룬디 • 96 에리트레아 • 97 세이셸 • 97 소말리아 • 97 코모로 • 97

〈중앙아프리카〉

콩고민주공화국 • 97 카메룬 • 97 가봉 • 97 콩고공화국 • 97 차드 • 98 적도기니 • 98
중앙아프리카공화국 • 98 상투메 프린시페 • 98

〈서아프리카〉

나이지리아 • 92 가나 • 98 코트디부아르 • 98 세네갈 • 98 말리 • 98 부르키나파소 • 99
베냉 • 99 니제르 • 99 기니 • 99 모리타니 • 99 토고 • 99 시에라리온 • 99
라이베리아 • 99 카보베르데 • 100 감비아 • 100 기니비사우 • 100

〈남부아프리카〉

남아프리카공화국 • 93 앙골라 • 100 보츠와나 • 100 나미비아 • 100 에스와티니 • 100
레소토 • 100

8

5장 아메리카

<북아메리카>
미국 • 104 캐나다 • 106

<중앙아메리카>
멕시코 • 108 쿠바 • 110 도미니카공화국 • 110
과테말라 • 110 파나마 • 110 코스타리카 • 111
엘살바도르 • 111 온두라스 • 111 트리니다드 토바고 • 111
자메이카 • 112 바하마 • 112 니카라과 • 112 아이티 • 112
바베이도스 • 112 세인트루시아 • 112 벨리즈 • 113
앤티가 바부다 • 113 그레나다 • 113
세인트키츠 네비스 • 113
세인트빈센트 그레나딘 • 113 도미니카 연방 • 113

<남아메리카>
브라질 • 114 아르헨티나 • 116 콜롬비아 • 117 칠레 • 118
페루 • 118 베네수엘라 • 118 에콰도르 • 118
우루과이 • 119 볼리비아 • 119 파라과이 • 119
가이아나 • 119 수리남 • 119

6장 오세아니아

오스트레일리아 • 124 뉴질랜드 • 126

<멜라네시아>
파푸아뉴기니 • 127 피지 • 127 솔로몬 제도 • 127
바누아투 • 127

<폴리네시아>
사모아 • 128 통가 • 128 쿡 제도 • 128 투발루 • 129
니우에 • 129

<미크로네시아>
미크로네시아 연방 • 128 팔라우 • 129
마셜 제도 • 129 키리바시 • 129 나우루 • 129

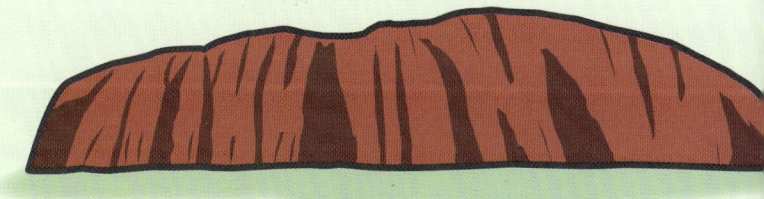

7장 세계 여러 나라들의 순위 매기기!

면적 순위 • 132 인구 순위 •133 경제력 순위 • 134
자연 순위 136 지진 순위 • 138 지구온난화 순위 •140
멸종위기종 순위 • 142

 친구들에게 알려주고 싶은 **토막 지식**

1. 남쪽 끝에 있는 '남극'은 어떤 곳일까? • 120
2. 북쪽 끝에 있는 '북극'은 어떤 곳일까? • 130

1장

지구에는 어디에 어떤 나라들이 있을까?

세계지도 ❶

여섯 대륙과 18개의 지역

지구상에는 바다와 육지가 있죠. 그중 바다가 지구의 70% 이상을 차지하고 있으며, 여섯 개의 거대한 육지(6대륙)가 나머지를 차지하고 있어요. 세계는 지리적으로 아시아, 유럽, 아프리카, 북아메리카, 남아메리카, 오세아니아의 여섯 지역으로 나누어진답니다.

유라시아 대륙
유럽과 아시아를 합쳐서 유라시아라고 해요. 세계에서 제일 큰 대륙이에요. 북아시아(시베리아)는 동유럽에 있는 러시아의 일부로, 18개 지역에는 들어가 있지 않아요.

아프리카 대륙
인류의 기원은 아프리카 대륙이라고 알려져 있어요.

오스트레일리아 대륙
남극 대륙보다도 작은, 세계에서 가장 작은 대륙이에요. 빙하기에는 뉴기니섬까지 이어져 있었어요.

이 지도는 각 지역을 간단하게 표시하고 있습니다. 자세한 지도는 각 장의 전체 지도를 봐 주세요.

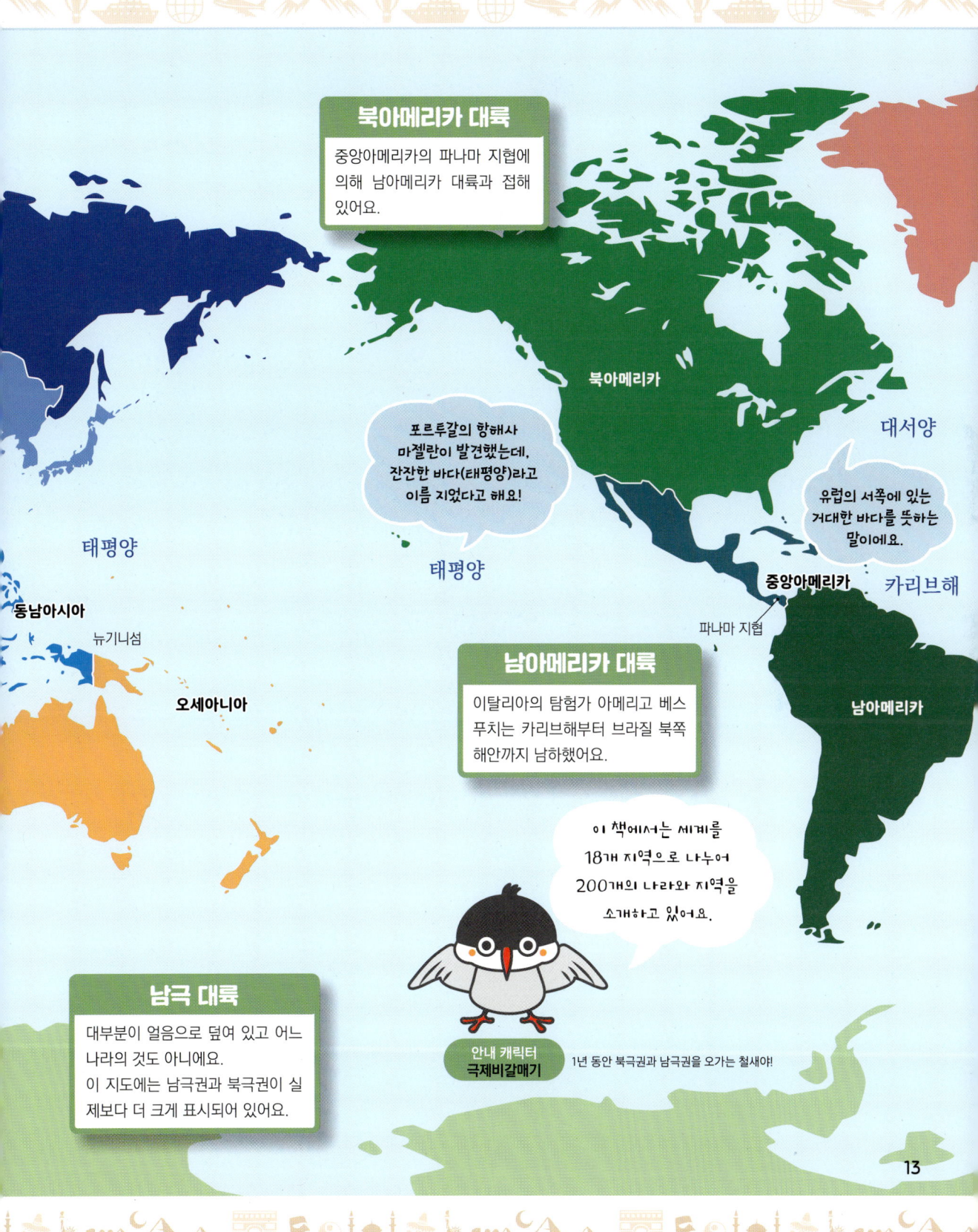

세계지도 ②

세계 곳곳의 여러 기후

세계의 기후는 크게 다섯 가지로 나눌 수 있어요. 더 자세하게는 12가지로 구분하여 분류하는 방법이 사용되고 있습니다. 위도, 바다로부터의 거리, 바람의 방향, 지형, 고도 등의 영향으로 지역마다 기온, 강수량, 자라는 식물 등이 달라요.

딕손 (러시아)
연평균기온 : -11.1℃
연평균 강수량 : 383.6mm

파리 (프랑스)
연평균기온 : 11.1℃
연평균 강수량 : 652.8mm

이스탄불 (튀르키예)
연평균기온 : 14.7℃
연평균 강수량 : 680mm

카이로 (이집트)
연평균기온 : 21.7℃
연평균 강수량 : 34.6mm

은자메나 (차드)
연평균기온 : 28.3℃
연평균 강수량 : 528.8mm

홍콩 (중국)
연평균기온 : 23.1℃
연평균 강수량 : 2311mm

적도
북극과 남극의 중간(위도 0°)의 지점을 잇는 선. 적도의 북쪽인 북반구와 남쪽인 남반구에서는 계절이 반대가 돼요.

적도랑 가깝고 1년 내내 기온이 높아!

비가 적고 낮과 밤의 기온차가 커!

비교적 따뜻하고 사계절이 있어!

열대

열대 우림 기후
1년 내내 고온다습. 많은 비가 내리고 정글로 뒤덮여 있어요.

사바나 기후
건기가 있고 우기에는 초원(사바나)이 넓어져요.

건조대

스텝 기후
건조함을 잘 견디는 식물이 자라요. 동유럽의 비옥한 흑토는 세계적인 곡창지대예요.

사막 기후
비가 적기 때문에 식물들이 거의 자라지 않아요. 건조한 날씨와 큰 기온차로 모래와 돌만 많아져요.

온대

지중해성 기후
지중해 연안, 미국의 태평양 연안 등이 이에 속해요. 겨울에는 비가 내리며 여름에는 맑고 건조해요.

* 북회귀선, 남회귀선 : 하지 또는 동지에 지구상에서 태양의 바로 아래가 되는 지점을 이은 선.

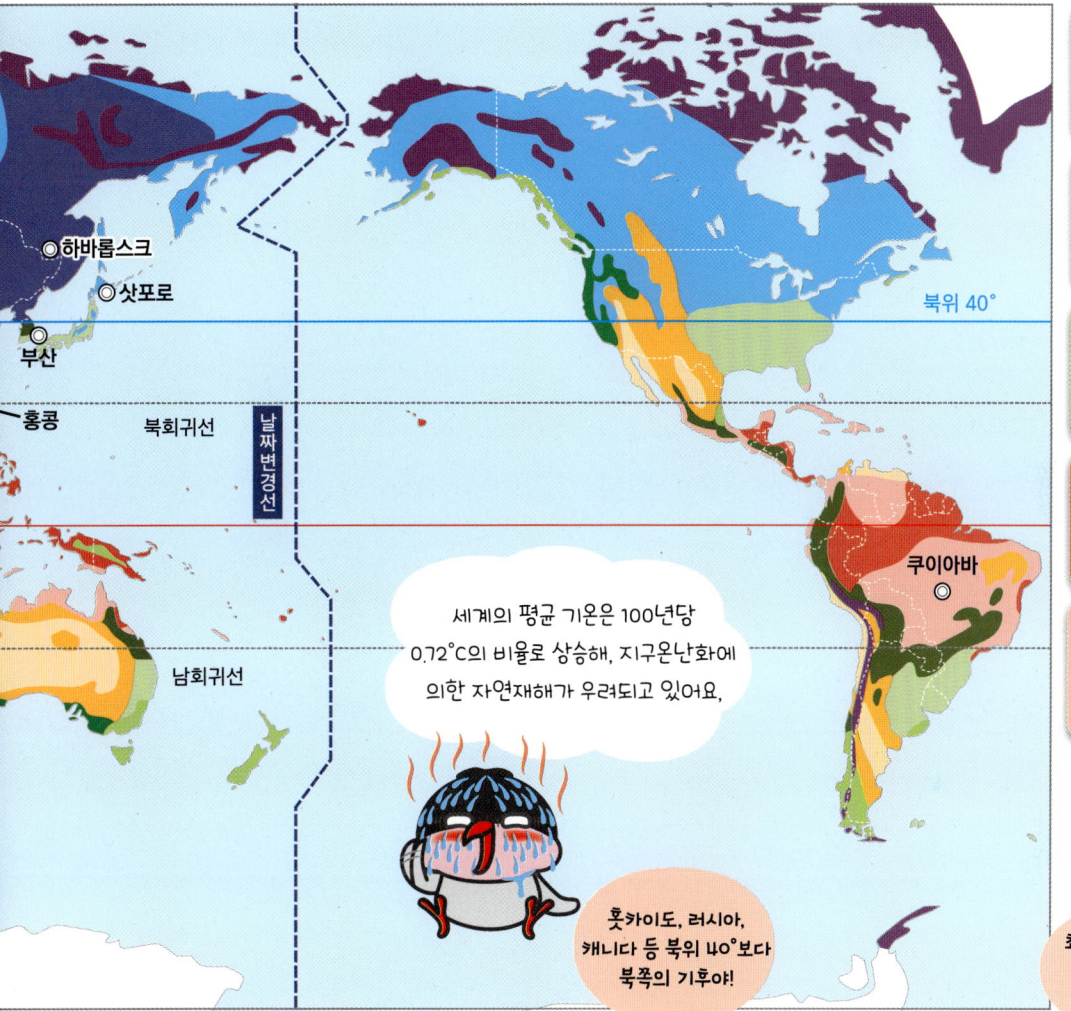

하바롭스크 (러시아)
연평균기온 : 2.3°C
연평균 강수량 : 663.9mm

삿포로 (일본)
연평균기온 : 8.9°C
연평균 강수량 : 1106.5mm

부산 (한국)
연평균기온 : 15.4°C
연평균 강수량 : 1657.2mm

싱가포르 (싱가포르)
연평균기온 : 27.6°C
연평균 강수량 : 2199.0mm

쿠이아바 (브라질)
연평균기온 : 26.1°C
연평균 강수량 : 1480.2mm

세계의 평균 기온은 100년당 0.72°C의 비율로 상승해, 지구온난화에 의한 자연재해가 우려되고 있어요.

홋카이도, 러시아, 캐나다 등 북위 40°보다 북쪽의 기후야!

최고 기온이 10°C가 안 될 정도로 매우 추워!

냉대(아한대)

한대

온난 동계 소우 기후
우리나라를 포함하여 아시아, 아프리카, 남아메리카의 일부가 이에 속해요. 1년 내내 온난하며 여름에는 많은 비가 내려요.

온난 습윤 기후
우리나라의 남쪽 지역, 홋카이도와 남부 지역을 제외한 일본 전역, 미국 동남부 등이 이에 속해요. 여름에는 고온다습해요.

서안 해양성 기후
유라시아 대륙 서쪽 해안의 유럽 국가들은 여름에는 시원하며 겨울에도 그다지 춥지 않아요.

냉대 습윤 기후
북부는 추위에 강한 침엽수림(타이가)이 펼쳐져 있고, 남부는 여름에 작물이 잘 자라요.

냉대 동계 소우 기후
시베리아 고기압의 영향으로 적설량은 적지만 추위가 매서워요. 중국 북동부까지가 여기에 속해요.

툰드라 기후
짧은 여름에 이끼류 등이 자라지만 땅속은 영구동토로 되어 있어요.

빙설 기후
연평균 기온이 영하로, 얼음과 눈으로 둘러싸여 있어요. 인간이 정착하기에는 어려워요.

* 독일의 기후학자인 쾨펜의 기후 구분에는 다른 구분법도 있습니다.

세계지도 ❸

한국과의 시차

세계의 시각은 경도 0도의 본초 자오선 위의 '협정세계시'를 기준으로 하고 있어요. 한국 표준시는 일본의 표준 자오선이기도 한 동경 135도를 기준으로 하고 있기 때문에, 협정세계시보다 9시간 빨라요.

세계의 나라 ① 세계에는 몇 개의 나라가 있을까?

올림픽, 패럴림픽에는 많은 나라들과 지역들이 참가하고 있지요. 나라와 지역의 차이는 주권이 있으며 독립을 했다면 국가, 아직 다른 나라에 지배당하고 있다면 지역으로 보고 있어요.

이 책에서는 다음의 ①~②에 해당하는 200개의 나라와 지역을 소개하고 있습니다.
① 국제연합에 가입되어 있는 193개 국가. 단, 우리나라는 북한을 국가로서 승인하고 있지 않아요.
② 국제연합에 가입되어 있지 않지만, 우리나라가 나라로서 승인하고 있는 국가와 국제올림픽위원회에 소속된 지역
[바티칸 시국, 코소보, 쿡 제도, 니우에, 홍콩, 대만, 팔레스타인]

국제연합(UN)이란?

국제평화와 안전을 유지하고 국제 협력을 위해 설립된 국제기구예요. 1945년 발족하였으며, 본부는 뉴욕에 있어요. 우리나라는 1991년 북한과 동시에 가입했어요. 가맹국은 현재 193개국(2021년 8월 기준)이에요.

주권 국가들이 모여서 만들었어. 회원국의 주권은 평등해!

'나라'로서 필요한 조건

① 자신들의 땅을 가지고 있을 것(영토)
② 그곳에 사는 사람들이 있을 것(국민)
③ 자신들의 의사로 국민 및 영역을 통치하고 있을 것(주권)
이 세 가지 조건이 갖춰진 후에, '국제연맹' 또는 다른 나라에게 인정을 받아야 해요.

UN 가맹국 수의 변화

연도	유럽	아시아	아프리카	북아메리카	남아메리카	오세아니아	합계
1945년	14	9	4	12	10	2	51개국
1960년	26	24	25	12	10	2	99개국
1990년	29	36	52	23	12	7	159개국
2011년	43	47	54	23	12	14	193개국

식민 지배에서 독립한 아프리카의 나라들이 가맹했어.

1991년에 붕괴한 구소련의 나라들이 가맹했어.

세계의 나라 ② 누가 나라를 다스리고 있을까?

세계의 나라에는 다양한 국가 형태가 존재하지만, 크게 국왕이나 수장 등 나라를 대표하는 군주가 있는 나라와 군주가 없는 나라로 나눌 수 있어요. 단 군주가 있는 나라 모두에서 군주가 나라를 다스리고 있다고는 할 수 없어요.

군주가 있는 나라 ➡ 군주국가

군주란 국왕이나 수장, 일본의 천황 등을 말해요. 군주는 가족, 친척에게 이어져 대대로 국가를 다스리며, 나라의 상징이 되기도 해요.

■ **군주가 국가를 다스리고 있다(전제군주제)**

국왕이나 수장 등의 군주가 통치해요. 사우디아라비아, 아랍에미리트 등.

■ **군주가 국가를 다스리지 않는다(입헌군주제)**

군주의 역할은 헌법에 따라 제한되고, 국민이 뽑은 지도자가 통치를 해요. 영국, 네덜란드, 태국 등.

예 일본

천황은 나라의 상징입니다. 국민이 선거를 통해 결정한 정치인에 의해 내각이 구성되어, 내각 총리대신이 정치를 하는 상징 군주제 국가예요.

공국이란?

룩셈부르크, 리히텐슈타인, 모나코 세 개 국가는 대공 등의 칭호를 가진 귀족을 국가원수로 하는 입헌군주제 국가예요. 안도라는 프랑스 대통령과 스페인 우르헬의 주교가 공동으로 원수를 맡아 의회제를 시행하고 있어요.

군주가 없는 나라 ➡ 공화국

■ **국민이 나라를 다스리는 사람을 고른다(공화제)**

국민이 선거로 뽑은 대통령이나 수상이 중심이 되어 통치를 해요. 한국, 미국, 아일랜드, 헝가리, 몽골 이외에도 나라 이름에 '공화국'이 붙어 있는 나라가 많아요.

예 미국

50개의 자치주와 컬럼비아 특별구(워싱턴 D.C)로 구성된 연방공화제 국가. 대통령은 국가원수이며, 의회로부터 독립된 행정의 수장이에요.

연방이란? 주권을 가진 국가나 지역 여럿이 모여 하나가 된 거예요. 아랍에미리트, 스위스, 독일, 러시아, 아프리카, 인도, 멕시코, 브라질 등이 있어요. 영국연방(코먼웰스)에는 영국의 옛 영토였던 54개국이 가맹했어요(2021년 기준). 영국의 왕은 캐나다, 오스트레일리아, 뉴질랜드 등 영연방왕국 15개국의 군주도 겸하고 있답니다.

세계의 언어 — 가장 많이 사용되고 있는 언어는?

중국어
你好
니하오

중국, 싱가포르 등

독일어
Guten Tag
구텐 탁

독일, 오스트리아, 스위스, 벨기에 등

일본어
こんにちは
곤니치와

프랑스어
Bonjour
봉주르

프랑스, 벨기에, 스위스, 캐나다, 아이티, 콩고민주공화국, 콩고공화국, 카메룬, 가봉, 중앙아프리카공화국, 코트디부아르, 말리, 니제르 등

스페인어
Buenas tardes
부에나스 따르데스

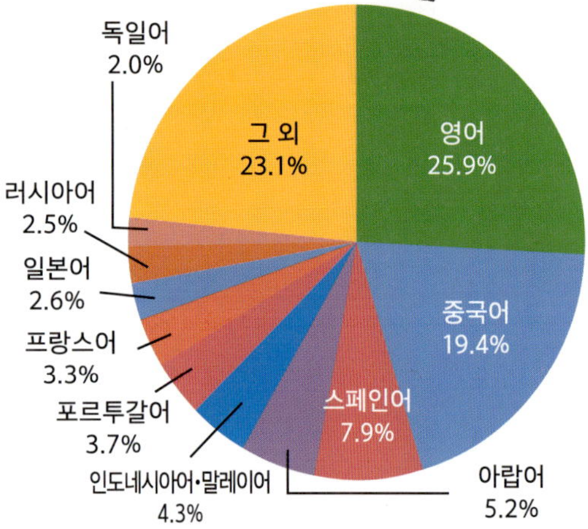

스페인, 멕시코, 쿠바, 콜롬비아, 페루, 칠레, 아르헨티나 등

인터넷에서 사용하는 언어

전 세계의 인터넷 이용 인구
45억 8556만 명

영어는 세계의 공통어?

- 영어 25.9%
- 중국어 19.4%
- 스페인어 7.9%
- 아랍어 5.2%
- 인도네시아어·말레이어 4.3%
- 포르투갈어 3.7%
- 프랑스어 3.3%
- 일본어 2.6%
- 러시아어 2.5%
- 독일어 2.0%
- 그 외 23.1%

벵골어
হ্যালো
노모슈칼
이슬람 교도 이외의 사람에게 하는 인사

방글라데시, 인도 등

힌디어
नमस्ते
나마스테

인도, 피지 등

세계에서 사용하는 사람이 가장 많은 언어	
중국어	13억 1100만 명
스페인어	4억 6000만 명
영어	3억 7900만 명
힌디어	3억 4100만 명
아랍어	3억 1900만 명
벵골어	2억 2800만 명
포르투갈어	2억 2100만 명
러시아어	1억 5400만 명
일본어	1억 2800만 명

영어
Hello
헬로

미국, 영국, 캐나다, 오스트레일리아, 싱가포르, 케냐, 카메룬, 남아프리카, 가나, 라이베리아 등

아랍어
السلام عليكم
앗살람 알라이쿰

포르투갈어
Boa tarde
보아 따르지

포르투갈, 브라질, 앙골라, 모잠비크 등

러시아어
Здравствуйте
즈드라스트 부이쩨

러시아, 벨라루스, 카자흐스탄, 키르기스스탄 등

이집트, 이라크, 사우디아라비아, 아랍에미리트, 알제리, 모로코, 모리타니 등

세계의 종교 — 종교를 살펴보면 그 나라를 알 수 있다!

종교란 마음 편하게 살아가기 위해 신이나 부처를 믿는 것을 말해요. 즉 인간이 마음을 기댈 수 있는 곳입니다. 세계에는 여러 종교들이 있어요. 여기에서는 국가를 넘어 전 세계적으로 많은 신도가 있는 주 종교 네 개를 소개해요.

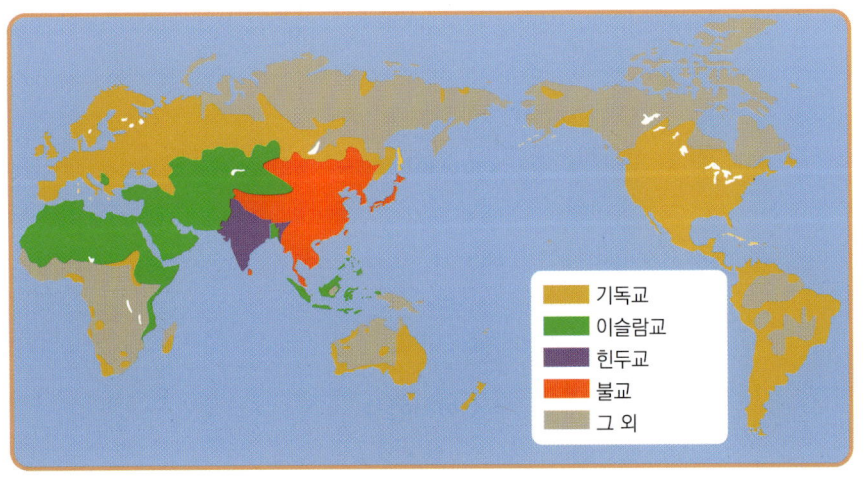

- 기독교
- 이슬람교
- 힌두교
- 불교
- 그 외

세계의 주 종교 인구

종교	인구
기독교	25억 1900만 명
이슬람교	18억 9300만 명
힌두교	10억 6300만 명
불교	5억 4600만 명

기독교는 세계에서 가장 규모가 큰 종교!

	기독교	이슬람교	힌두교	불교
창시자	예수	무함마드	없음	석가
성립일	1세기경	7세기경	4세기경	기원전 5세기경
발상지	이스라엘 (예루살렘)	사우디아라비아 (메카)	인도 주변	인도 (부다가야)
신앙의 대상	신(여호와)	신(알라)	많은 신	부처
정전	성서	쿠란(코란)	베다	경전
종교 시설	교회	모스크	힌두교 사원	불교 사원, 절

2장 아시아

아시아

아시아는 유라시아 대륙의 남동부와 주변의 수많은 섬들이 포함된 지역이에요. 책에서는 아시아를 북아시아(시베리아) 이외의 다섯 개 지역으로 나눠서 소개해요. 전 세계 인구의 60%가 아시아에 살고 있으며, 지역에 따라 기후와 문화가 다양해요.

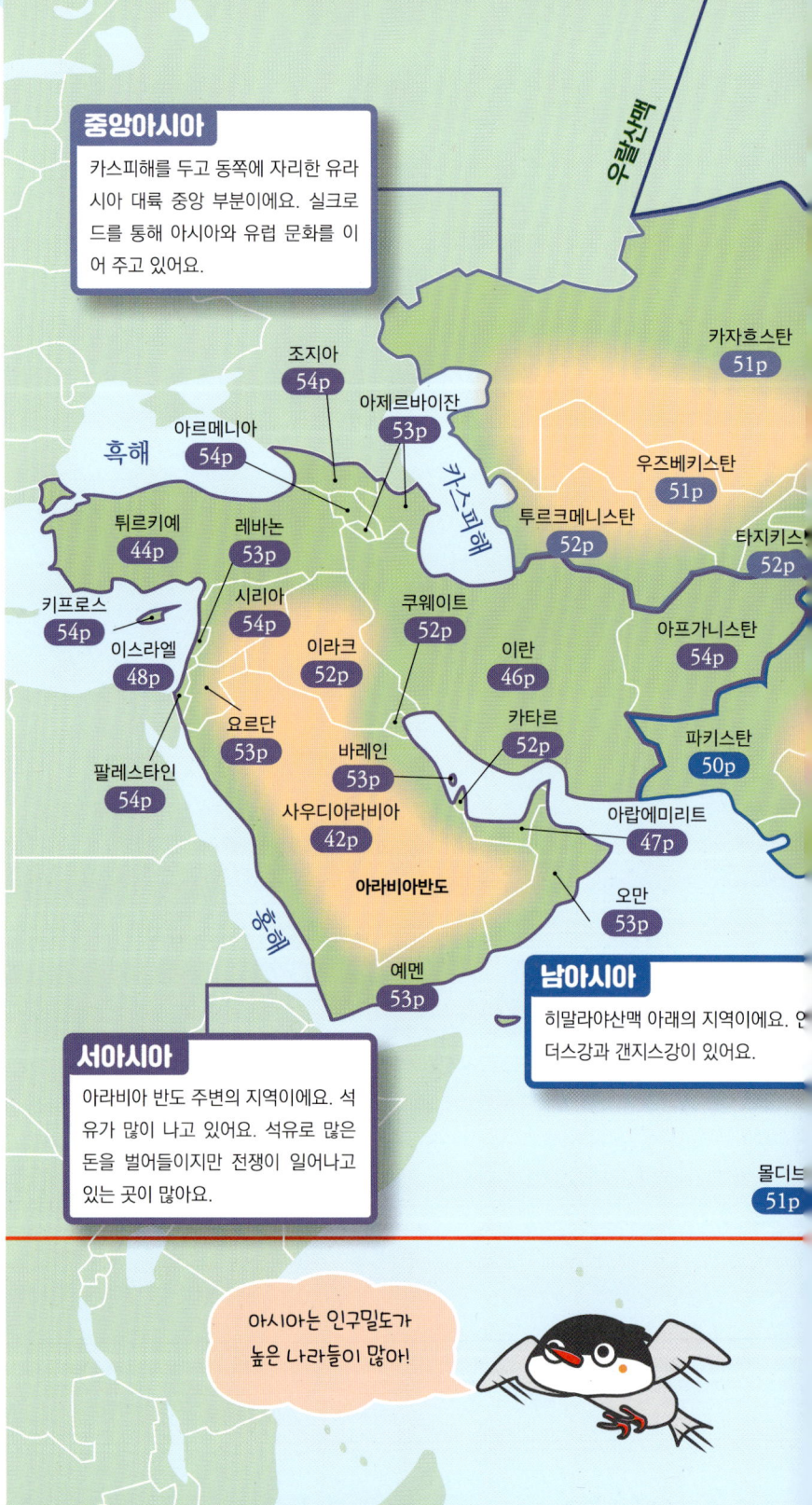

중앙아시아
카스피해를 두고 동쪽에 자리한 유라시아 대륙 중앙 부분이에요. 실크로드를 통해 아시아와 유럽 문화를 이어 주고 있어요.

서아시아
아라비아 반도 주변의 지역이에요. 석유가 많이 나고 있어요. 석유로 많은 돈을 벌어들이지만 전쟁이 일어나고 있는 곳이 많아요.

남아시아
히말라야산맥 아래의 지역이에요. 인더스강과 갠지스강이 있어요.

아시아는 인구밀도가 높은 나라들이 많아!

동아시아
한국
[대한민국]

- **수도** : 서울
- **통화** : 원
- **면적** : 10만 431㎢
- **인구** : 5175만 1천 명
- **인구밀도** : 514.6명/㎢
- **언어** : 한국어(한글)
- **종교** : 불교, 기독교 등
- **주요 생산물** : 쌀(백미), 화학산업, 선박 등
- **주요 무역국** : 중국, 일본, 미국, 베트남 등

축하하는 날이나 특별한 날에 입어요.

치마 · 저고리
조선시대 여성의 의상. 치마는 길고 펑펑한 스커트 같은 옷이고, 저고리는 짧은 상의예요.

웃어른을 공경하는 정신을 가진 유교의 가르침이 깃든 나라

우리나라는 중국의 동쪽 한반도에 자리 잡고 있으며, 고대부터 중국, 일본과 활발하게 교류해 왔어요. 1910년부터 1945년까지 일제의 강제 합병으로 억압을 받았습니다. 1945년에 광복을 맞이했지만 바로 미국과 소련에 의해 한반도는 남한(우리나라)과 북한으로 분단되었어요. 이 비극은 지금까지도 이어져서, 1950년에 6.25전쟁을 겪은 이후 지금까지 분단되어 있어요.

우리나라는 전쟁의 아픔을 극복하고 1980년대부터 자동차, 전자기기 같은 산업을 발달시켜 세계적인 강국이 되었답니다. 최근에는 K-POP 등이 전 세계적으로 인기를 얻고 있어요! 대표적인 음식으로는 김치, 갈비 등이 있어요.

- **국기의 의미** : 태극 문양을 중심으로 그려진 네 개의 괘는 만물의 법칙을 나타내며, 흰 바탕은 평화를 나타내요.
- **이 점이 대단해요!** : 한글은 과학적이며 독창적인 언어로서 높은 평가를 받아요. 한글 창제에 대해 다룬 『훈민정음 해례본』은 '세계기록문화유산'에 등재되어 있어요.

1분 만에 싹 알아보는 한국

판문점
1953년에 6.25전쟁의 휴전회담이 열린 곳이에요. 비무장지대로서 북한과 공동으로 관리하고 있어요.

경복궁
1392~1910년까지 이어져 온 조선왕조의 정궁이에요. '만 년 간 큰 복을 누려 번영할 것'이라는 의미를 가진 궁궐로, 하루에 두 번 수문장(위병) 교대식이 열려요.

우리나라의 전통 무술은 뭘까?
ⓐ 축구
ⓑ 태권도
ⓒ 야구

제주도
화산활동에 의해 만들어진, 우리나라에서 가장 큰 섬이에요. 용암으로 만들어진 많은 돌하르방이 섬을 지키고 있어요. 해녀들이 따는 전복과 성게가 명물이에요.

● **놀랄 만한 이야기!** : 1명당 인스턴트 라면 연간 소비량이 세계 제일! 연간 79.7개를 먹어요(세계라면협회 조사 결과).

아시아 / 한국

퀴즈의 정답: ⓑ 태권도. 2000년에 개최된 시드니 올림픽부터 정식 종목으로 채택되었어요.

동아시아

중국

[중화인민공화국]

- 수도 : 베이징
- 통화 : 위안
- 면적 : 959만 6960㎢(한국의 약 96배)
- 인구 : 13억 9789만 명
- 인구밀도 : 145.7명/㎢
- 언어 : 중국어(북경어, 각 지역마다 방언이 있다)
- 종교 : 도교, 불교, 기독교, 이슬람교 등
- 주요 생산물 : 밀가루①, 쌀①, 돼지고기①, 강철(조강)①, 동①, 공작기계① 등
- 주요 무역국 : 한국, 일본, 미국 등

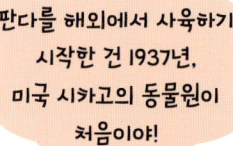

판다를 해외에서 사육하기 시작한 건 1937년, 미국 시카고의 동물원이 처음이야!

자이언트 판다
300만 년 전부터 거의 변하지 않은 모습으로 살아가고 있다고 알려져 있어요.

4000년 이상의 역사를 가진, 세계에서 가장 인구가 많은 나라

유라시아 대륙의 동부에 위치한 세계에서 네 번째로 넓은 대국이에요. 한족이 인구의 90% 이상을 차지하고 있으며, 이외에 위구르족, 티베트족 등 55개의 소수민족이 살고 있어요.

수천 년 전 황허와 장강(양쯔강) 유역에서 농경 문명이 일어나, 치수 등의 기술과 문화가 주변 국가들에 전해졌어요. 우리에게 친숙한 한자도 그중 하나예요.

최근 40년 동안 공업이 눈부시게 발전했으며, 풍부한 자원을 공업에 활용해 '세계의 공장'이라고 불리게 되었어요. 동시에 상하이와 광저우 등 해안가 주변의 대도시를 중심으로 경제 발전을 이루어 세계 2위의 경제 대국이 되었답니다.

- **국기의 의미** : 붉은 땅에 노란색 거대한 별은 중국 공산당의 지도력을, 네 개의 작은 별은 중국 민족의 단결을 나타내요.
- **이 점이 대단해요!** : 태극권은 중국 무술 중 하나로, 1949년에는 중국 정부가 건강 체조로서 전국적으로 전파했어요.

1분 만에 싹 알아보는 중국

만리장성
진시황제가 북방 기마민족의 침입을 막기 위해서 만들기 시작해, 1500년대까지 증축되어 왔어요. 총길이는 2만 1000km를 넘어요.

판다의 주식은 대나무야. 그중에서도 가장 좋아하는 부분은 어디일까?
ⓐ 죽순
ⓑ 대나무 잎
ⓒ 가지와 줄기

쓰촨성 자이언트 판다 보호구역
중국 남서부의 산지에는 야생 판다가 600마리 정도 살아가고 있어요. 보호연구센터에서는 판다의 인공 번식에 성공해 야생으로 돌려보내는 활동도 하고 있어요.

진시황릉과 병마용갱
기원전 221년, 처음으로 중국을 통일한 진시황제의 무덤이에요. 무덤에는 실제와 비슷한 크기의 8000명에 가까운 병사들, 전차, 말을 본뜬 형태의 흙 인형들이 묻혀 있었는데 1974년에 발견되었어요.

● **한국과의 관계** 고대부터 중국의 문화는 한국, 일본 등의 문화와 교류하며 많은 영향을 주었어요. 지금도 중국은 우리나라의 대표적인 교류국이에요.

● **놀랄 만한 이야기!** 중국의 해외 이주자들은 오래전부터 세계 각지에서 서로 도우며 살기 위해 중국인 거리를 만들어 왔어요.

퀴즈의 정답: ⓐ 죽순. 영양이 풍부한 진수성찬이에요. 원래 판다는 잡식이기 때문에 대나무의 20%밖에 영양을 섭취하지 못해요.

동아시아
일본

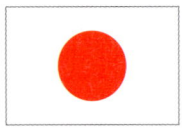

수도 : 도쿄 **통화** : 엔
면적 : 37만 7976km²(한국의 약 4배)
인구 : 1억 2530만 명
인구밀도 : 331.6명/km²
언어 : 일본어
종교 : 신도, 불교, 기독교 등
주요 특산품 : 동, 자동차, 선박, 공작기계, 가전제품, 전자기기 등
주요 무역국 : 중국, 미국, 한국, 대만, 오스트레일리아 등

나는 것은 잘 못하지만 달리면 빨라요.

꿩
일본의 국조. '모모타로'의 옛날 이야기에도 등장해요.

남북으로 길며 사계절의 변화가 뚜렷해요.
애니메이션과 게임이 해외에서도 인기 있어요.

아시아의 가장 동쪽에 위치한 섬나라로, 홋카이도, 혼슈, 시코쿠, 규슈를 비롯한 6800여 개의 섬들로 이루어져 있어요. 국토의 4분의 3이 산지이며 현재 활동 중인 활화산이 111개나 돼요. 또한 지진이 많은 것이 특징이에요. 일본에는 3만 년 이전부터 사람들이 살았으며 주변국과도 교류하며 독자적인 문화를 만들어 왔어요.

오늘날에는 세계적인 경제대국으로, 석유 등의 자원과 공업제품을 수입하는 한편, 높은 기술력으로 자동차와 전자기기 등을 만들어 수출하고 있어요. 일본의 애니메이션, 만화, 게임은 해외에서도 많은 인기를 끌고 있답니다.

● **국기의 의미** : 백지에 붉은 태양이 그려져 있어요. 아스카시대의 황족인 쇼토쿠 태자가 해가 뜨는 나라라고 한 것에서 유래했으며 일출을 나타낸다고 해요.

● **이 점이 대단해요!** : 일본식은 건강하고 맛있다고 하여 전 세계에서 인기가 많아요. 특히 초밥과 라멘이 인기 있어요.

1분 만에 싹 알아보는 일본

아시아 — 일본

벚꽃
깨끗함과 덧없음을 느끼게 해 주는, 일본인이 가장 좋아하는 꽃. 벚꽃 시즌이 되면 많은 사람들이 꽃구경을 하며, 일본 전국에는 벚꽃 명소가 많아요. 벚꽃과 관련된 노래도 많이 있어요.

시레토코
오호츠크해 / 삿포로 / 홋카이도 / 동해 / 혼슈 / 도쿄 / 나고야 / 오사카 / 요코하마 / 후쿠오카 / 시코쿠 / 규슈 / 태평양

옛 도읍 교토
헤이안시대부터 에도시대까지 일본의 수도로서 1000년 이상의 역사를 가져요. 금각사, 니조성 등 17개의 문화재가 세계문화유산으로 등재되었어요.

후지산
해발 3776m로, 일본에서 가장 높고 아름다운 산이에요. 해돋이를 보며 소원을 비는 신앙의 산이기도 하며 예술의 원천으로서 세계문화유산으로도 등재되어 있어요.

야쿠시마

모모타로가 가지고 있던 것은?
ⓐ 수수경단
ⓑ 대나무 잎 경단
ⓒ 미타라시 경단

스모
과거 일본의 신사에서 유래된, 예의범절이 중요시되는 무도. 일본의 전통 운동 경기로 전 세계에 알려져 있어요.

● **한국과의 관계** 우리나라에는 많은 일본인들이 살고 있어요. 일본인은 ① 중국, ② 대만, ③ 한국, ④ 홍콩, ⑤ 태국, ⑥ 미국 등에 많이 있어요.
● **놀랄 만한 이야기!** 일본어는 한자를 바탕으로 하여 히라가나와 가타카나로 읽고 써요. 외래어는 주로 가타카나를 사용해요.

퀴즈의 정답: ⓐ 수수경단. 잡곡인 수수의 가루로 만든 거예요. 수수의 나라로 불리던 오카야마는 모모타로 전설의 발상지예요.

동아시아
대만

*UN에서 나라로서 승인하고 있지 않아요.

대만의 양대 등불 축제는 언제 개최될까?
ⓐ 중화민국 개국기념일(1월 1일)
ⓑ 원소절(정월 대보름)
ⓒ 단오절

동중국해

타이베이 — 지우펀

대만의 행운 아이템
감, 귤, 돼지의 발음이 '행운이 찾아온다'라는 말을 의미한다고 하는 말장난에서 유래했어요.

행정부 소재지 : 타이베이
통화 : 신 대만 달러
면적 : 3만 5980km²(한국의 약 0.3배)
인구 : 2357만 2천 명
인구밀도 : 655.1명/km²
언어 : 중국어(북경어, 대만어, 하카어 등)
종교 : 불교, 도교, 기독교 등
주요 특산품 : 전자기기, 정밀기기, 화학섬유, 합성고무 등
주요 무역국 : 중국, 미국, 한국, 일본 등

따뜻한 기후에 아름다운 자연으로 가득! 관광과 공업이 번성한 섬나라

동중국해에 있는 섬나라. 중국은 자국의 일부라고 하고 있지만, 대만에는 독자적인 정부가 있어 자신들을 '중화민족'이라고 칭하고 있어요. 우리나라와는 우호 관계이며 무역과 관광을 통해 교류하고 있답니다.

인기 관광지는 북부의 지우펀이에요. 일찍이 금 채굴로 번창한 거리의 조명들이 환상적입니다. 대만의 국립고궁박물관은 역대 중화 왕조가 모아 온 미술품을 전시하는, 세계적으로도 유명한 박물관이에요.

1년 내내 따뜻한 기후로 인해 과일의 왕국으로 유명하며, 파인애플, 망고, 리치, 슈가애플 등이 인기랍니다.

● **국기의 의미** : 붉은색은 자유와 독립, 파란색은 정의, 흰색은 우애를 의미해요. 대만 국기는 '청천백일기'라고도 불려요.
● **이 점이 대단해요!** : 2007년 개통된 대만고속철도는 일본의 신칸센 기술이 사용된 고속철도로, 최고 시속 300km를 내는 대만의 주요 교통수단이에요.

퀴즈의 정답: ⓑ 원소절. 음력 1월 15일로, 보름달이 차오르는 정월 대보름 밤에 등불 축제가 열려요.

동아시아
홍콩

중국의 특별행정구

행정부 소재지 : 감중(홍콩섬)
통화 : 홍콩 달러
면적 : 1108km²(서울특별시의 약 2배)
인구 : 726만 3천 명
인구밀도 : 6555명/km²(세계 3위)
언어 : 중국어(광둥어), 영어(공용어) 등
종교 : 불교, 도교, 기독교 등
주요 특산품 : 전자기기, 통신·음향기기, 사무기기 등
주요 무역국 : 중국, 인도, 대만, 싱가포르 등

💭 거리를 달리는 2층 노면전차의 이름은?
ⓐ 드럼
ⓑ 트램
ⓒ 토토라

인도 - 태평양혹등고래
홍콩의 행운의 상징! 핑크 돌고래라고도 불려요. 멸종이 우려되고 있어요.

동양과 서양의 문화가 어우러진 땅, 국제금융센터로 발전!

중국 광둥성에 접해 있는 가우룽반도와 홍콩섬, 란타우섬 등으로 이루어진 도시. 중국이 아편전쟁에서 패배한 이후, 99년이라는 기간 동안 영국령에 속했다가 1997년에 반환되었어요. 외교와 방위 이외에는 반환 전과 같은 일국양제가 50년간 유지되는 것이 약속되어 있었지만, 최근에는 중국 정부의 압력이 점차 강해지고 있어요.

홍콩은 영국 통치 시대부터 자유 무역지이자 국제금융센터로서 번영해 왔어요. 관광지로서도 인기가 많으며, 홍콩섬의 가장 높은 산인 빅토리아 피크에서 보는 '100만 불짜리 야경'은 정말 훌륭해요!

● **홍콩 기의 의미** : 흰색 양자형의 꽃은 홍콩을 나타내고, 붉은 땅과 꽃잎의 별은 중국을 나타내요.

● **이 점이 대단해요!** : 전 세계의 요리를 먹을 수 있는 미식의 도시. 나무 찜통으로 쪄낸 가벼운 식사를 딤섬이라고 해요.

퀴즈의 정답 : ⓑ 트램. 홍콩 트램은 1904년에 개통되어서, 120년에 가까운 역사가 있는 노면전차예요.

동남아시아
인도네시아
[인도네시아 공화국]

수도 : 자카르타
통화 : 루피아
면적 : 190만 4569km²(한국의 약 19배)
인구 : 2억 7512만 명
인구밀도 : 144.4명/km²
언어 : 인도네시아어(공용어), 자바어, 발리어 등 700여 개의 언어
종교 : 이슬람교 등
주요 특산품 : 쌀, 코코넛기름①, 카카오콩, 바나나, 천연고무 등
주요 무역국 : 중국, 싱가포르, 한국, 일본, 미국, 말레이시아 등

가루다
힌두교의 신이 타는 신조.
인도네시아의 상징이기도 해요.
자바 뿔매가 모델이에요.

> **자원이 풍부하고 세계 4위의 인구 대국. 평균 연령이 젊어 활기가 넘치는 나라!**

적도 근처의, 1만 4천 개가 넘는 섬들로 이루어진 나라예요. 동쪽에서 서쪽까지의 거리는 미국의 동쪽 해안부터 서쪽 해안까지의 거리와 거의 비슷한 5000km! 얼마나 긴지 알겠죠?

350개가 넘는 민족이 사는 다민족국가로, 그중 90%가 이슬람교를 믿어 이슬람교도의 수가 세계에서 가장 많아요. 평균 연령이 30살로 젊고, 앞으로도 인구가 늘어나 발전 가능성을 무한히 지닌 나라예요.

동남아시아에서는 한류의 인기가 매우 높은데 인도네시아도 마찬가지예요. 우리나라와 많은 문화적 경제적 교류를 하고 있으며, 많은 유학생들이 오고가고 있어요.

● **국기의 의미** : 붉은색은 용기, 흰색은 순결을 의미해요. 색 배열은 모나코의 국기와 같지만, 가로세로의 비율이 달라요.

● **이 점이 대단해요!** : 가다랑어 어획량이 세계 1위. 가다랑어포나 참치캔 등으로 가공하여 우리나라에도 수출하고 있어요.

1분 만에 싹 알아보는 인도네시아

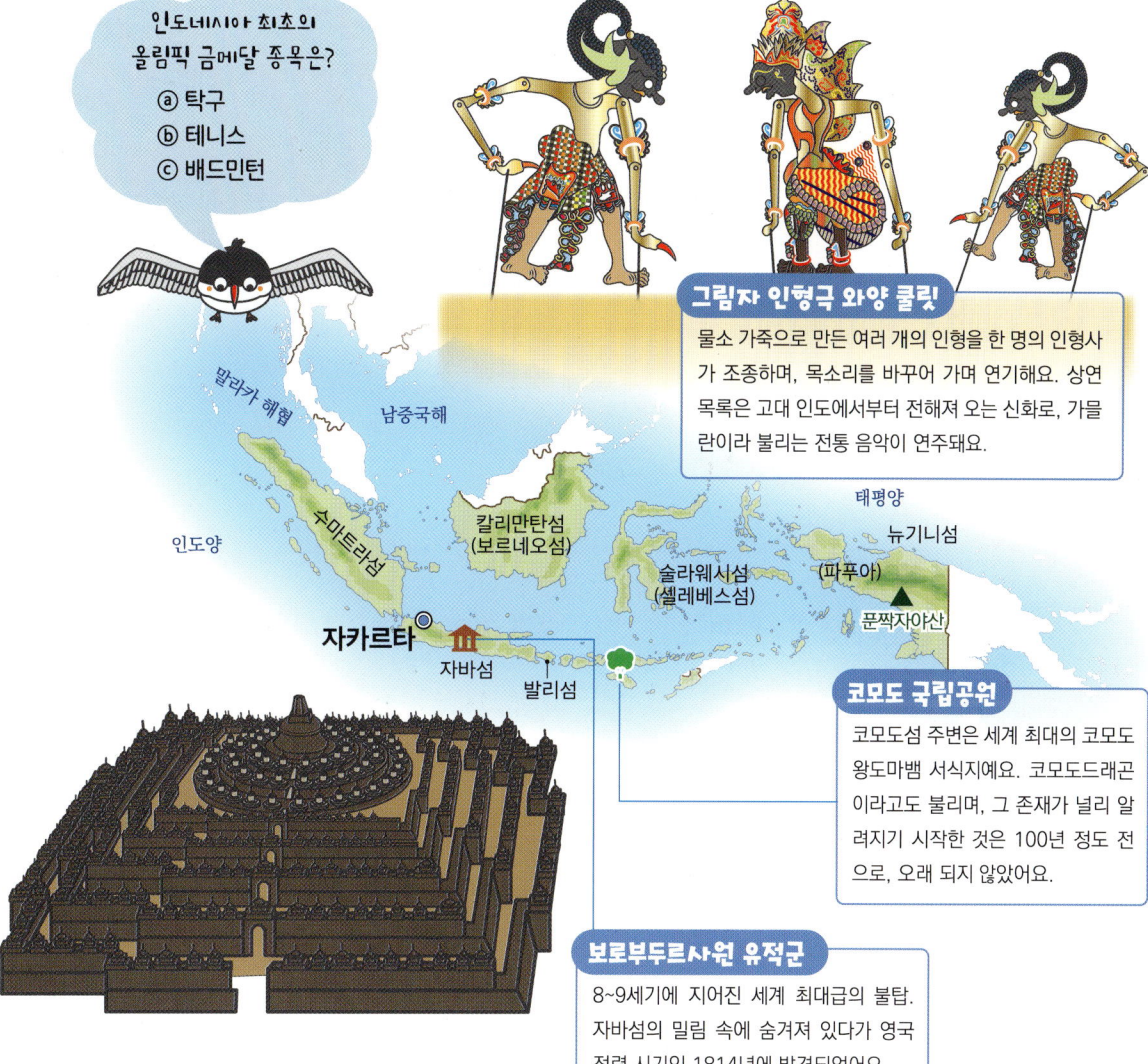

인도네시아 최초의 올림픽 금메달 종목은?
ⓐ 탁구
ⓑ 테니스
ⓒ 배드민턴

그림자 인형극 와양 쿨릿
물소 가죽으로 만든 여러 개의 인형을 한 명의 인형사가 조종하며, 목소리를 바꾸어 가며 연기해요. 상연 목록은 고대 인도에서부터 전해져 오는 신화로, 가믈란이라 불리는 전통 음악이 연주돼요.

코모도 국립공원
코모도섬 주변은 세계 최대의 코모도왕도마뱀 서식지예요. 코모도드래곤이라고도 불리며, 그 존재가 널리 알려지기 시작한 것은 100년 정도 전으로, 오래 되지 않았어요.

보로부두르사원 유적군
8~9세기에 지어진 세계 최대급의 불탑. 자바섬의 밀림 속에 숨겨져 있다가 영국 점령 시기인 1814년에 발견되었어요.

- **한국과의 관계**: 인도네시아의 소수 민족인 찌아찌아족은 독특하게도 한글을 이용해서 자신들의 언어를 기록하기 위해 노력하고 있어요.
- **이 점이 대단해요!**: 예능인으로 유명한 데위 여사는 초대 인도네시아 대통령인 스카르노의 세 번째 부인이에요.

아시아 - 인도네시아

퀴즈의 정답: ⓒ 배드민턴. 정식 경기로 채택된 1992년 바르셀로나 올림픽에서부터 현재까지 금메달 여덟 개를 땄어요(2021년 기준).

동남아시아
태국
[타이 왕국]

킥복싱과 비슷한 태국의 전통 무술은?
ⓐ 카바디
ⓑ 태권도
ⓒ 무에타이

가네샤
인도 신화에 등장하는 신. 불교에서도 어려움을 해결하는 효험이 있다고 하여 인기가 많아요.

- **수도** : 방콕
- **통화** : 바트
- **면적** : 51만 3120km²(한국의 약 5배)
- **인구** : 6948만 명
- **인구밀도** : 135.4명/km²
- **언어** : 태국어(공용어) 등
- **종교** : 불교 등
- **주요 특산품** : 쌀, 천연고무①, 코코넛기름, 설탕, 사무기기 등
- **주요 무역국** : 중국, 일본, 미국, 말레이시아, 베트남 등

▌ **불교를 중요시하는 미소의 나라. 쌀 생산이 활발하며, 쌀 수출량 세계 2위!**

인도차이나반도의 중앙에 위치한 나라로, 북쪽에서 남쪽으로 메콩강이 흐르며, 주변에 논 지대가 펼쳐져 있어요. 국민의 대부분이 불교를 믿으며, 남자는 평생에 한 번은 스님이 되는 풍습이 있답니다.

또한 코끼리가 나라를 대표하는 동물로 소중하게 여겨지고 있어요. 태국에서 코끼리는 옛날부터 농사일을 도와주었던 존재이며, 불교에서는 부처가 타고 다니는 동물로도 여겨져요. 현재도 관광객을 태우고 돌아다니는 관광상품이 많아 관광객들로부터 인기가 많답니다.

태국 요리는 허브나 향신료를 잔뜩 사용하여 맵고 짜고 단, 신기한 맛이 매력적이에요.

- **국기의 의미** : 빨간색은 국가와 민족의 단결, 흰색은 불교에 대한 신앙심, 감색은 타이 왕실을 나타내고 있어요.
- **이 점이 대단해요!** : 아유타야 유적은 14세기부터 400년간 번창했던 아유타야 왕조의 유적. 꼭 봐야 해요!

퀴즈의 정답: ⓒ 무에타이. 각지에서 축제가 열릴 때 이벤트로도 행해지고 있어요.

동남아시아

싱가포르

[싱가포르 공화국]

- **수도** : 싱가포르
- **통화** : 싱가포르 달러
- **면적** : 719km²(부산광역시와 비슷)
- **인구** : 586만 6천 명
- **인구밀도** : 8158.6명/km²(세계 2위)
- **언어** : 영어, 중국어(북경어), 말레이어, 타밀어(전부 공용어)
- **종교** : 불교, 기독교, 이슬람교, 도교 등
- **주요 특산품** : 면직물, 합성고무, 기계류 등
- **주요 무역국** : 중국, 말레이시아, 미국, 인도네시아 등

싱가포르는 과거부터 무엇이 부족했을까?
ⓐ 일광 부족
ⓑ 전력 부족
ⓒ 물 부족

머라이언

싱가포르의 상징.
상반신은 사자, 하반신은 인어의 형상!

전 세계에서 돈과 사람이 모여들어, 경제가 빠르게 성장하고 있는 작은 도시국가

말레이반도 최남단의 싱가포르섬과 60개 정도의 섬들이 모여 이루어진 작은 나라예요. 인구의 4분의 3은 중국계이며 1965년에 말레이시아로부터 독립한 이후 적극적으로 해외의 금융 관련 기업을 모방하여 경제를 성장시키고 있어요. 관광산업에도 힘쓰고 있어, 마리나베이의 '빛과 물의 쇼', 유일한 세계문화유산인 '싱가포르 식물원' 등, 볼거리가 잔뜩 있답니다.

싱가포르는 바닥에 쓰레기가 없는 청결한 나라로도 알려져 있는데, 쓰레기를 바닥에 버리면 큰 금액의 벌금을 물게 돼요. 관광객이라도 풍선껌을 가지고 들어오면 벌금이라는 사실!

- **국기의 의미** : 빨간색은 평등, 흰색은 순결을 의미해요. 초승달과 다섯 개의 별은 이상을 향해 나아가는 젊은 나라의 상징이에요.
- **이 점이 대단해요!** : 호텔 '마리나베이 샌즈'의 선박형 옥상 수영장은 세계에서 가장 높은 수영장!

퀴즈의 정답: ⓒ 물 부족. 말레이시아로부터 물을 수입해 왔지만, 하수 재생이나 바닷물의 담수화와 같은 신기술이 눈부시게 발전하고 있어요.

동남아시아
말레이시아

수도 : 쿠알라룸푸르
통화 : 링깃
면적 : 32만 9847km²(한국의 약 3.3배)
인구 : 3351만 9천 명
인구밀도 : 101.6명/km²
언어 : 말레이어(공용어), 영어, 중국어, 타밀어 등
종교 : 이슬람교, 불교, 기독교, 힌두교 등
주요 특산품 : 천연고무, 코코넛기름, 주석, 전자기기 등
주요 무역국 : 중국, 싱가포르, 미국, 한국, 일본, 태국 등

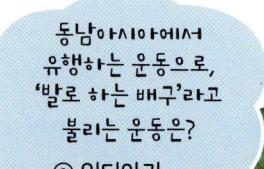

동남아시아에서 유행하는 운동으로, '발로 하는 배구'라고 불리는 운동은?
ⓐ 인디아카
ⓑ 위플볼
ⓒ 세팍타크로

오랑우탄
말레이시아어로 '숲의 사람'이라는 의미예요. 칼리만탄섬의 나무 위에서 살고 있어요.

풍부한 천연자원과 공업화 발달로 성장하고 있는 다민족국가

말레이반도 남부와 칼리만탄섬(보르네오섬) 북부로 이루어진 나라예요. 인구의 80% 이상이 말레이반도에 살고 있어요. 국토의 약 60%를 차지하는 열대우림에서는 오랑우탄, 안경원숭이, 세계에서 가장 큰 꽃인 라플레시아 등의 동식물을 볼 수 있답니다.

인구 구성은 말레이계를 중심으로 중국계, 인도계 등 여러 민족이 섞인 다민족국가로, 요리 문화에도 여러 문화가 융합되어 있어요.

석유와 천연가스 등의 자원이 풍부하고 최근에는 공업화가 진행되어 우리나라에서도 많은 기업들이 진출하고 있답니다.

- **국기의 의미** : 황금의 달과 별은 이슬람교를 상징해요. 빨간색과 흰색 선 14개는 말레이시아의 13개 주와 연방정부를 나타내요.
- **이 점이 대단해요!** : 칼리만탄섬의 키나발루산은 한라산보다 2배 이상 높은 4095m! 세계자연유산인 '키나발루 국립공원'의 중심에 있어요.

퀴즈의 정답: ⓒ 세팍타크로. '세팍'은 말레이어로 '차다', '타크로'는 '공'이라는 뜻이에요.

동남아시아
필리핀
[필리핀 공화국]

수도 : 마닐라
통화 : 페소
면적 : 30만 km²(한국의 약 3배)
인구 : 1억 1081만 명
인구밀도 : 369.3명/km²
언어 : 필리핀어, 영어(둘 다 공용어), 타갈로그어 등
종교 : 기독교 등
주요 특산품 : 코코넛, 파인애플, 바나나, 니켈 광석①, 선박 등
주요 무역국 : 중국, 미국, 한국, 일본, 싱가포르 등

필리핀에서 인기인 스포츠는?
ⓐ 미식축구
ⓑ 농구
ⓒ 야구

필리핀안경원숭이
보홀섬에 살고 있는 세계에서 가장 작은 안경원숭이. 몸길이는 8~15cm.

동남아시아의 기독교국, 항상 여름인 휴양지, 과일의 왕국

　인도차이나반도와 남중국해 사이에 위치하며 7000개가 넘는 섬들로 이루어진 나라예요. 화산과 지진이 많은 것이 특징이에요. 1년 내내 고온다습한 기후를 이용하여 바나나, 파인애플, 망고, 코코넛 등을 재배·수출하고 있답니다.

　동남아시아의 다른 나라들과 다르게 스페인 및 미국의 식민지였던 시절이 길어, 그 영향으로 국민의 90% 이상이 기독교를 믿어요.

　비사야 제도에 위치한 세부섬은 우리나라 사람에게도 인기 있는 리조트 아일랜드예요. 필리핀안경원숭이가 있는 보홀섬은 세부섬에서 고속선으로 편도 2시간 정도 거리에 있어요.

● **국기의 의미** : 파란색은 이상, 빨간색은 용기, 흰 정삼각형은 평화와 평등, 태양은 자유, 별은 주요 섬들을 의미해요.
● **이 점이 대단해요!** : 루손섬 북부의 '코르딜레라스의 계단식 논'은 세계문화유산이에요. 세계에서 가장 큰 규모로, 굉장히 아름다워요.

퀴즈의 정답: ⓑ 농구. 미국이 통치하던 시대에 전해져, 지금은 온 거리에 농구 코트가 있어요.

남아시아

인도
[인도 공화국]

- **수도** : 뉴델리
- **통화** : 인도 루피
- **면적** : 328만 7263km²(한국의 약 33배)
- **인구** : 13억 3933만 명(세계 2위)
- **인구밀도** : 407.4명/km²
- **언어** : 힌디어(연방 공용어), 영어(준 공용어)와 22개 언어를 공인
- **종교** : 힌두교, 이슬람교 등
- **주요 특산품** : 쌀, 밀가루, 차, 바나나①, 목재, 석탄, 버터①, 면직물 등
- **주요 무역국** : 미국, 중국, 아랍에미리트 등

위험한 독사를 이용해 겁을 먹게 하고 있어요.

인도코브라
코브라의 위협 행동에 맞춰 뱀 조종사는 피리를 불고 있어요.

> **힌두교가 생활과 문화의 기반인 나라. IT 대국으로 눈부시게 발전 중!**

인도반도의 대부분을 차지하는 세계 2위의 인구를 가진 대국. 국민의 80%가 힌두교를 믿어요. 일찍부터 인더스 문명이 번성하여, 과학, 예술, 철학이 꽃을 피웠어요. 19세기에 영국의 식민지가 되었지만 1947년에 독립했답니다. 독립운동의 지도자 마하트마 간디는 지금도 인도 국민의 영웅이에요.

최근에는 수학을 살려 IT(정보기술) 분야로 많이 진출해, IT 대국으로 알려져 있어요. 특히 영화를 활발히 제작해서 연간 1986편의 영화를 제작해요(2017년 기준). 이 수치는 중국(874편), 미국(660편)보다도 훨씬 많은 수치랍니다.

- **국기의 의미** : 금색은 힌두교, 녹색은 이슬람교, 흰색의 중앙에 있는 법륜은 평화를 상징해요.
- **이 점이 대단해요!** : 우리나라 학교에서는 구구단 9단(1~9)을 외우지만 인도에는 구구단 99단(1~99)을 외우게 하는 학교도 있어요.

1분 만에 싹 알아보는 인도

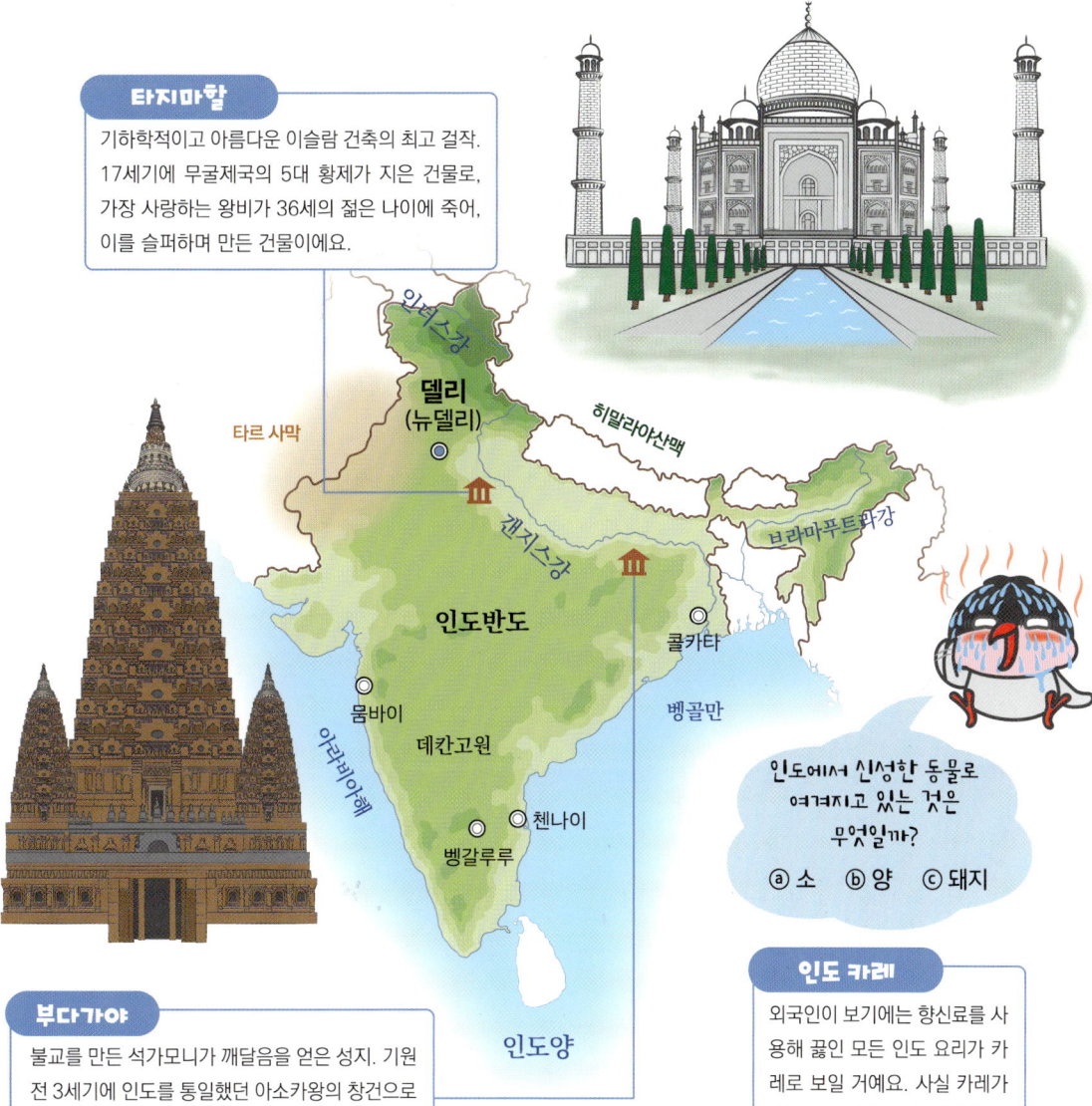

타지마할
기하학적이고 아름다운 이슬람 건축의 최고 걸작. 17세기에 무굴제국의 5대 황제가 지은 건물로, 가장 사랑하는 왕비가 36세의 젊은 나이에 죽어, 이를 슬퍼하며 만든 건물이에요.

부다가야
불교를 만든 석가모니가 깨달음을 얻은 성지. 기원전 3세기에 인도를 통일했던 아소카왕의 창건으로 알려진 마하보디사원에는 금빛 석가여래상이 모셔져 있어요.

인도 카레
외국인이 보기에는 향신료를 사용해 끓인 모든 인도 요리가 카레로 보일 거예요. 사실 카레가루는 영국 식민지 시대에 영국인이 개발했어요.

인도에서 신성한 동물로 여겨지고 있는 것은 무엇일까?
ⓐ 소 ⓑ 양 ⓒ 돼지

● **한국과의 관계** : 우리나라 사람 모두가 좋아하는 카레 이외에도, 불교와 요가도 인도에서 생겨났어요.
● **이 점이 대단해요!** : 지역에 따라 사용되는 언어는 800개 이상이며, 인도의 루피 지폐에는 17개의 언어가 적혀 있어요.

41

퀴즈의 정답: ⓐ 소. 힌두교에서 소는 신이 타고 다니는 동물로 여겨지며, 먹는 것이 금지되어 있어요.

서아시아

사우디아라비아

[사우디아라비아 왕국]

- 수도 : 리야드
- 통화 : 사우디아라비아 리얄
- 면적 : 214만 9690km²(한국의 약 21.5배)
- 인구 : 3478만 3천 명
- 인구밀도 : 16.1명/km²
- 언어 : 아라비아어(공용어)
- 종교 : 이슬람교 등
- 주요 특산품 : 대추야자, 석유①, 플라스틱 등
- 주요 무역국 : 중국, 미국, 아랍에미리트, 한국, 일본, 인도 등

아라비아 오릭스
사막에 살며 먼 곳의 비를 감지하여 물 없이도 며칠씩 걸을 수 있어요.

전 세계의 동물원에서 번식시켜 야생으로 돌려보내고 있어요.

세계 최대의 원유산출국. 이슬람교의 발상지

　아라비아반도의 80% 정도를 차지하고 있는 거대한 국가로, 국토의 대부분이 사막이에요. 이슬람교를 창시한 무함마드의 탄생지 메카와 무함마드가 숨을 거둔 땅 메디나, 두 개의 성지가 있어 세계 각지로부터 이슬람교도가 모여든답니다.

　우리나라에서도 사우디아라비아로부터 석유를 가장 많이 수입하고 있어요. 원유 매장량이 베네수엘라 다음으로 많은 세계 2위이며, 석유 생산량은 세계 3위(2020년 기준)예요. 최근에는 석유에 의존하는 경제로부터 탈출해 산업의 다각화를 도모하며, 여러 나라로부터 협력을 얻어 해수 담수화와 절수 농업기술을 연구, 개발하고 있어요.

● **국기의 의미 :** 초록색은 이슬람교의 상징적 색깔이에요. 중앙에는 '알라 이외에 신은 없다'라는 문자가 적혀 있어요.

● **이 점이 대단해요! :** 메카에 위치한 마천루 '아브라즈 알 바이트 타워'의 총공사비는 약 15조 원이에요. 이는 당시 세계 건축물 중 최고 금액이에요.

1분 만에 싹 알아보는 사우디아라비아

아시아 사우디아라비아

이슬람교에서 먹는 것을 금하고 있는 것은?
ⓐ 소고기
ⓑ 닭고기
ⓒ 돼지고기

하일 지역의 암각화
네푸드 사막의 주바와 슈와이미스에는 1만 년 전의 사람 및 동물들에 대한 암각화가 무수히 남아 있어요. 과거 주바 기슭에는 호수가 있어, 사람이나 동물들이 수원으로 사용했다고 여겨져요.

이슬람교의 성지 '메카'
검은 정육면체 건물이 카바 신전이에요. 일곱 개의 초고층 빌딩들로 이루어진 아브라즈 알 바이트 타워의 앞에 광장이 있어요. 이슬람교도는 어디에 있어도 카바 신전을 향해 절을 해요.

대추야자 열매
술을 마시지 않는 아랍인은 향신료로 우려 낸 커피와 달달한 대추야자로 손님을 대접해요.

● **한국과의 관계** : 우리나라의 많은 기업들이 사우디아라비아에 진출해 있어요. 많은 노동자들이 외화를 벌어서 우리나라의 경제 발전에 이바지했어요.
● **이 점이 대단해요!** : 법률에 하루에 5회의 절, 금주, 라마단(1개월간 낮에는 금식을 하는 것) 등이 정해져 있어요.

퀴즈의 정답: ⓒ 돼지고기. 그 이외에는 이슬람교의 가르침에 따라 처리하면 먹을 수 있어요.

서아시아

튀르키예

[튀르키예 공화국]

수도 : 앙카라   **통화** : 튀르키예 리라
면적 : 78만 3562km²(한국의 약 8배)
인구 : 8248만 2천 명   **인구밀도** : 105.2명/km²
언어 : 튀르키예어(공용어), 쿠르드어, 아랍어
종교 : 이슬람교 등
주요 특산품 : 무화과나무, 벌꿀, 토마토, 올리브, 사과, 양고기 등
주요 무역국 : 독일, 미국, 이탈리아, 중국, 러시아 등

튀르키예의 사람들은 모두 고양이를 좋아해!

터키시 앙고라
수도 앙카라 근처의 산악 지대에서 살던 고양이. 보들보들하며 긴 털을 가지고 있어요.

▌아시아와 유럽을 잇는 실크로드 서쪽 끝에 있는 문명의 사거리

실크로드의 서쪽 끝에 위치해 아시아와 유럽 양쪽의 문화가 섞인 나라예요. 북쪽은 흑해, 남쪽은 지중해, 서쪽은 에게해와 접해 있으며, 기후가 따뜻해요. 튀르키예는 지리적으로는 아시아에 가깝지만 유럽으로도 분류해요.

튀르키예에서 가장 큰 도시인 이스탄불은 고대 그리스의 식민지였던 도시이며, 로마 제국과 오스만 제국의 수도로서도 번성했었어요. 이스탄불은 지금도 튀르키예 경제·문화의 중심지예요. 양고기, 치즈, 요구르트를 많이 사용하는 튀르키예의 요리는 중국 요리, 프랑스 요리와 함께 세계 3대 요리 중 하나예요.

튀르키예는 길고양이들도 모두 개냥이인 고양이의 천국! 거리의 온갖 장소에서 고양이들을 만날 수 있답니다.

● **국기의 의미** : 빨간색은 용기를 의미하는, 오스만 제국 시절부터 사용되던 전통적인 색깔이에요. 초승달과 별은 민족의 진보와 독립을 의미해요.

● **이 점이 대단해요!** : 이스탄불에는 세계에서 가장 큰 시장인 '그랜드 바자르'가 있어요. 4000개에 가까운 가게들로 항상 북적거려요.

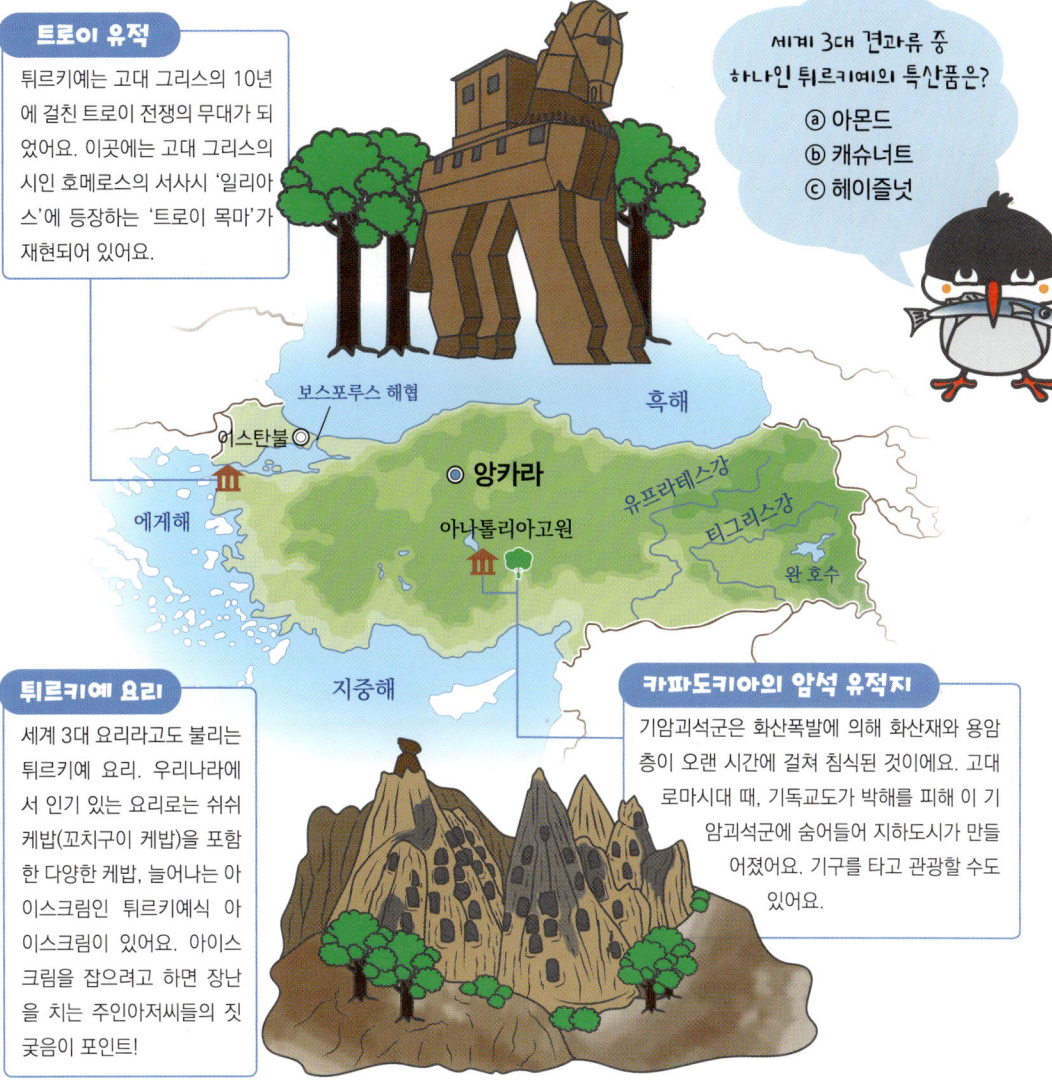

1분 만에 싹 알아보는 튀르키예

트로이 유적
튀르키예는 고대 그리스의 10년에 걸친 트로이 전쟁의 무대가 되었어요. 이곳에는 고대 그리스의 시인 호메로스의 서사시 '일리아스'에 등장하는 '트로이 목마'가 재현되어 있어요.

세계 3대 견과류 중 하나인 튀르키예의 특산품은?
ⓐ 아몬드
ⓑ 캐슈너트
ⓒ 헤이즐넛

보스포루스 해협 / 흑해 / 이스탄불 / 앙카라 / 유프라테스강 / 티그리스강 / 아나톨리아고원 / 완 호수 / 에게해 / 지중해

튀르키예 요리
세계 3대 요리라고도 불리는 튀르키예 요리. 우리나라에서 인기 있는 요리로는 쉬쉬 케밥(꼬치구이 케밥)을 포함한 다양한 케밥, 늘어나는 아이스크림인 튀르키예식 아이스크림이 있어요. 아이스크림을 잡으려고 하면 장난을 치는 주인아저씨들의 짓궂음이 포인트!

카파도키아의 암석 유적지
기암괴석군은 화산폭발에 의해 화산재와 용암층이 오랜 시간에 걸쳐 침식된 것이에요. 고대 로마시대 때, 기독교도가 박해를 피해 이 기암괴석군에 숨어들어 지하도시가 만들어졌어요. 기구를 타고 관광할 수도 있어요.

● **한국과의 관계** : 6.25전쟁 때 많은 지원을 해 준 나라 중 하나예요. 또한 2002년 한일 월드컵에서 좋은 감정이 생겨 튀르키예인들 중에 한국인을 좋아하는 사람들이 많아요.

● **이 점이 대단해요!** : 튀르키예 행진곡은 튀르키예에서 만들어진 것이 아니다?! 서구의 작곡가가 튀르키예를 생각하며 작곡했대요!

퀴즈의 정답: ⓒ 헤이즐넛. 헤이즐넛은 기원전부터 튀르키예 북부의 흑해 연안에 자생했어요. 튀르키예는 세계에서 헤이즐넛이 가장 많이 나는 나라예요.

아시아 / 튀르키예

서아시아
이란
[이란 이슬람 공화국]

모스크의 벽면 등을 장식하는 기하학적인 문양을 뭐라고 할까?
ⓐ 아르데코
ⓑ 아르누보
ⓒ 아라베스크

페르시아표범
약칭 '이란 표범'. 겨울에는 영하권이 되는 이란의 북부에 서식하는 가장 큰 표범이에요.

- **수도** : 테헤란　**통화** : 리알
- **면적** : 164만 8195km²(한국의 약 16.5배)
- **인구** : 8588만 8천 명
- **인구밀도** : 52.1명/km²
- **언어** : 페르시아어(공용어) 등
- **종교** : 이슬람교 등
- **주요 특산품** : 피스타치오, 대추야자, 벌꿀, 양고기, 천연가스, 석유 등
- **주요 무역국** : 중국, 아랍에미리트, 인도, 튀르키예 등

페르시아 제국 시절의 모습이 남아 있는 나라. 석유와 관련 제품이 수출의 중심

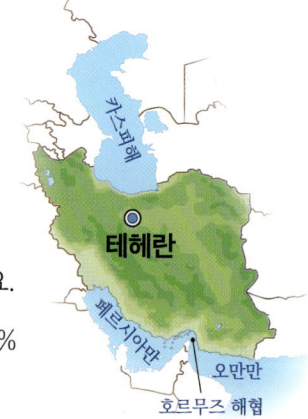

　북쪽은 카스피해, 남쪽은 페르시아만과 오만만에 접해 있는 나라예요. 사우디아라비아 등으로부터 우리나라에 석유를 운반하는 유조선의 80%가 호르무즈 해협을 지나요.

　이란은 2500년 정도 전에 건국된 페르시아 제국의 중심이 되어 번성했었으며, 세계문화유산에 등재된 '페르세폴리스'는 페르시아 시절 수도의 유적이에요. 페르시아 양탄자는 그 시대부터 전해져 내려온 전통 공예품이랍니다. 이후 1935년에 국왕이 '이란'이라고 개명하고, 1979년에 왕정이 붕괴되어 이슬람 공화국이 되었어요. 국민의 대부분이 이슬람교도로, 여러 장소에 모스크(예배 장소)가 있답니다.

● **국기의 의미** : 녹색은 이슬람교, 흰색은 평화, 빨간색은 용기를 나타내요. '신은 위대하다'라는 문자가 흰색 부분 위아래로 있고, 가운데에는 이란을 상징하는 국장이 그려져 있어요.

● **이 점이 대단해요!** : 이란은 미국과 어깨를 나란히 하는 피스타치오 생산국이에요. 두 국가가 전 세계 피스타치오의 70% 이상을 생산하고 있어요.

퀴즈의 정답: ⓒ 아라베스크. 이슬람 미술의 꾸밈 양식. 화초를 패턴화한 문양도 존재해요.

서아시아

아랍에미리트

- **수도** : 아부다비
- **통화** : UAE 디르함
- **면적** : 8만 3600km²(한국의 약 0.8배)
- **인구** : 985만 6천 명
- **인구밀도** : 117.8명/km²
- **언어** : 아랍어(공용어) 등
- **종교** : 이슬람교 등
- **주요 특산품** : 대추야자, 석유, 유황, 알루미늄 등
- **주요 무역국** : 인도, 중국, 한국 등

두바이에 있는 초고층 빌딩인 '부르즈 할리파'의 높이는?
ⓐ 541m
ⓑ 632m
ⓒ 828m

단봉낙타
쌍봉낙타보다 발이 빨라서 레이스용, 운반용, 식용 등 역할이 다양해요.

일곱 개의 에미리트국이 연합하여 하나의 국가가 된 연방국. 풍부한 석유 자원과 금융, 관광을 통해 발전

영어 대문자로 UAE라고도 불립니다. 아라비아반도의 동쪽에 있고 페르시아만에 접해 있어요. 국토의 대부분이 사막이지만 해안선이 길기 때문에 1년 내내 습도가 높고 낮과 밤의 일교차가 적답니다.

아랍에미리트는 특이하게도 아부다비, 두바이 등 일곱 개의 에미리트국으로 구성된 연방최고평의회에 의해 대통령이 선출돼요. 세계에서 손꼽히는 원유산출국이며 경제적으로 무척 발달해서, 유치원부터 대학까지 교육비가 전부 무료예요. 금융 및 관광산업에도 힘을 싣고 있으며 그 중심에 있는 두바이에는 전 세계에서 샐러리맨들이 모여들어 관광지로도 인기 있어요.

● **국기의 의미** : 네 가지 색은 아랍 민족의 색이에요. 녹색은 윤택한 토지, 흰색은 깨끗한 생활, 검은색은 전쟁, 빨간색은 흐르는 피를 의미해요.

● **이 점이 대단해요!** : 낙타 레이스는 격식 있는 스포츠예요. 낙타들의 최고 시속은 약 60km나 돼요.

퀴즈의 정답: ⓒ 828m. 2010년에 완공되자마자 세계 1위의 자리에 섰던 빌딩으로, 지금도 여전히 세계적으로 높은 빌딩이에요.

서아시아
이스라엘
[이스라엘국]

- 수도 : 예루살렘*
- 통화 : 신 셰켈
- 면적 : 2만 1937km²(경상도와 비슷)
- 인구 : 878만 7천 명
- 인구밀도 : 400.5명/km²
- 언어 : 히브리어(공용어), 아라비아어, 영어
- 종교 : 유대교, 이슬람교 등
- 주요 특산품 : 올리브, 자몽, 마그네슘 등
- 주요 무역국 : 미국, 중국, 독일, 튀르키예 등

* 국제적으로는 인정되지 않았으며, 텔아비브에 재외공관을 두는 나라가 많아요.

몸이 가라앉지 않는 호수로 유명한 사해의 염분 농도는 얼마일까?
ⓐ 3% 정도
ⓑ 10% 정도
ⓒ 30% 정도

마운틴가젤
이스라엘을 상징하는 동물. 수컷 암컷 둘 다 뿔이 있는 독특한 동물.

세 개 종교의 성지가 있는 나라. 팔레스타인 문제가 해결되기를 바라요

지중해 동쪽 연안에 자리하며 남북으로 긴 나라. 예루살렘은 유대교의 '통곡의 벽', 기독교의 '성묘교회', 이슬람교의 '바위의 돔'이 있는 성지예요.

이스라엘은 일찍이 이 땅에서 쫓겨났던 유대인(히브리인)의 나라로서 1948년에 건국되어 전 세계의 많은 유대인들이 모여들었어요. 그러나 그 과정에서 이 땅에 살고 있던 아랍인(팔레스타인인)들이 땅을 빼앗겨 전쟁이 일어났어요. 이 전쟁은 끝나고 다시 시작하기를 반복했어요. 1994년에 가자지구와 요르단강 서안 지구가 팔레스타인 자치구로서 인정되었지만, 전쟁은 현재도 계속되고 있습니다. 이것이 이스라엘-팔레스타인 문제예요.

- **국기의 의미** : 파란색은 하늘, 흰색은 국민의 깨끗한 마음을 나타내요. 별은 유대교의 상징인 '다윗의 별'이에요.
- **이 점이 대단해요!** : 텔아비브의 다이아몬드 거래소는 거래량이 세계 제일이에요. 다이아몬드 산업은 유대인의 전통 산업이에요.

퀴즈의 정답: ⓒ 30%. 사해의 염분 농도는 바다의 염분 농도보다도 10배나 높아요. 바다보다 낮고 건조한 곳에 있으며, 흘러 나갈 강이 없기 때문이에요.

동아시아
북한

〔조선 민주주의 인민 공화국〕

- 수도 : 평양
- 통화 : 원
- 면적 : 12만 538km²(한국의 약 1.2배)
- 인구 : 2583만 1천 명
- 인구밀도 : 214.2명/km²
- 언어 : 한국어(한글)
- 종교 : 원칙적으로 종교의 자유가 없어요.
- 주요 특산품 : 고려인삼, 홉, 마그네슘 광물 등

일족이 나라를 계속해서 통치하고 있는 나라

한반도의 북부에 있으며 북쪽은 중국과, 남쪽은 우리나라와 접해 있어요. 제2차 세계대전 이후 조선의 독립 문제로 남한(우리나라)과 대립하여 사회주의국가가 되었어요. 우리나라는 북한을 국가로 인정하지 않고 있고, 한반도의 합법적인 정부는 대한민국뿐이라고 말하고 있어요.

동남아시아
베트남

〔베트남 사회주의 공화국〕

- 수도 : 하노이
- 통화 : 동
- 면적 : 33만 1210km²(한국의 약 3.3배)
- 인구 : 1억 278만 9천 명
- 인구밀도 : 310.3명/km²
- 언어 : 베트남어(공용어), 영어(제2 언어) 등
- 종교 : 불교, 기독교 등
- 주요 특산품 : 쌀, 커피콩, 천연고무, 통신기기 등

남북으로 긴 농업국가. 공업도 성장 중

인도차이나반도의 동쪽에 있으며, 북부에는 홍강, 남부에는 메콩강이 있어요. 기후가 쌀을 재배하기에 굉장히 좋아 쌀 생산량·수출량이 전부 세계에서 손꼽을 정도예요. 쌀가루로 만든 면 '퍼'는 우리나라에서도 쌀국수로 인기가 많아요. 또한 새우 양식이 활발해서 우리나라를 포함하여 전 세계에 많이 수출하고 있어요.

동아시아
몽골

〔몽골국〕

- 수도 : 울란바토르
- 통화 : 투그릭
- 면적 : 156만 4116km²(한국의 약 15.7배)
- 인구 : 319만 8천 명
- 인구밀도 : 2명/km²
- 언어 : 몽골어(공용어)
- 종교 : 불교 등
- 주요 특산품 : 말, 염소 고기, 양고기 등

유목민이 사는 대초원의 나라

13세기의 칭기즈칸이 건국한 몽골 제국은 동유럽까지 지배했었어요. 국토의 대부분이 초원과 사막으로 이루어져, 최근에는 유목 생활을 그만두고 도시에 정착하는 사람도 많아졌어요. 고려시대 때는 몽골과 고려가 무려 6차례나 전쟁을 벌였고, 이때 팔만대장경이 만들어졌어요.

동남아시아
미얀마

〔미얀마 연방 공화국〕

- 수도 : 네피도
- 통화 : 짯
- 면적 : 67만 6578km²(한국의 약 6.8배)
- 인구 : 5706만 9천 명
- 인구밀도 : 84.3명/km²
- 언어 : 미얀마어(공용어)
- 종교 : 불교 등
- 주요 특산품 : 쌀, 땅콩, 깨, 석석, 염소 고기 등

많은 민족이 살고 있는 불교의 나라

국명은 1989년에 군사정권에 의해 개명될 때까지 '비르마'라고 불렸어요. 그 이후 민주화가 되었지만, 최근 군사 쿠데타가 일어나는 등 아직까지 국정은 안정되어 있지 않아요. 천연가스가 풍부하여 많은 양을 수출하고 있으며, 쌀과 콩 종류의 재배가 활발해요. 밀림에 불탑이 늘어선 '바간 유적'은 세계 3대 불교 유적지로, 세계문화유산으로 지정되었어요.

아시아 / 동남아시아 / 남아시아

동남아시아
캄보디아
〔캄보디아 왕국〕

앙코르와트는 꼭 봐야 해!
국기에 그려져 있는 고대 사원인 앙코르와트는 톤레사프호의 북쪽에 있는 세계문화유산 '앙코르 왕조 유적군' 중 하나예요. 호수에서는 100만 명의 사람들이 수상생활을 하고 있어요. 메콩강도 있어 벼농사가 활발해요.

- 수도 : 프놈펜
- 통화 : 리엘
- 면적 : 18만 1035km²
- 인구 : 1730만 4천 명
- 인구밀도 : 95.5명/km²
- 언어 : 크메르어(공용어)
- 종교 : 불교(국교)
- 주요 특산품 : 쌀, 천연고무, 의류품, 샌들 등

동남아시아
동티모르
〔동티모르 민주 공화국〕

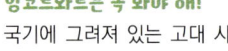

유기농 커피에 주목!
2002년에 인도네시아로부터 독립한, 아시아에서 가장 젊은 나라. 티모르섬의 동쪽 절반과 서쪽 섬 안의 작은 영토로 이루어져 있어요. 주요 수출품은 석유와 천연가스. 유기농 커피콩이 세계적으로 주목받고 있어요.

- 수도 : 딜리
- 통화 : 미국 달러
- 면적 : 1만 4874km²
- 인구 : 141만 3천 명
- 인구밀도 : 94.9명/km²
- 언어 : 테툼어, 포르투갈어 (둘 다 공용어)
- 종교 : 기독교 등
- 주요 특산품 : 커피콩, 석유, 천연가스 등

동남아시아
라오스
〔라오스 인민 민주주의 공화국〕

수력발전으로 전기를 수출
사회주의국가. 동남아시아에서 유일하게 바다와 접하지 않고 있어요. 태국과의 국경을 따라 흐르는 메콩강의 지류에 댐을 만들어 수력발전을 하고, 그 전기를 태국에 수출하고 있어요. 잉어와 메기가 잘 잡혀서 반찬으로 인기가 많아요.

- 수도 : 비엔티안
- 통화 : 킵
- 면적 : 23만 6800km²
- 인구 : 757만 4천 명
- 인구밀도 : 31.9명/km²
- 언어 : 라오스어(공용어)
- 종교 : 불교 등
- 주요 특산품 : 커피콩, 목재, 전기 등

남아시아
방글라데시
〔방글라데시 인민 공화국〕

쌀 소비량 세계 제일의, 쌀을 좋아하는 나라!
인도에 둘러싸였으며 갠지스강의 하구에 있는 나라. 홍수가 많은 한편, 산으로부터 흘러 내려오는 영양분이 풍부한 토양에서 1년에 네 번이나 쌀을 수확해요. 최근에는 섬유산업이 발전하여 니트웨어 등을 수출해요.

- 수도 : 다카
- 통화 : 타카
- 면적 : 14만 8560km²
- 인구 : 1억 6409만 8천 명
- 인구밀도 : 1105.3명/km²
- 언어 : 벵골어(공용어)
- 종교 : 이슬람교 등
- 주요 특산품 : 쌀, 황마, 의류품 등

동남아시아
브루나이
〔브루나이 다루살람국〕

천연자원이 풍부한 왕국
칼리만탄섬에 있는, 1984년에 영국 자치령으로부터 독립한 나라. 석유와 천연가스가 풍부해요. 나라가 부유하여 국민은 세금이 없고 학교와 병원도 무료랍니다. 이슬람 국가이기 때문에 남녀공학이 없고 음주가 금지되어 있어요.

- 수도 : 반다르스리브가완
- 통화 : 브루나이 달러
- 면적 : 5765km²
- 인구 : 47만 1천 명
- 인구밀도 : 81.6명/km²
- 언어 : 말레이어(공용어), 영어 등
- 종교 : 이슬람교(국교)
- 주요 특산품 : 석유, 천연가스 등

남아시아
파키스탄
〔파키스탄 이슬람 공화국〕

인더스 문명의 발상지
인더스강 중앙 지역에서 4000년 전부터 번성했던 도시 모헨조다로는 세계문화유산이에요. 1947년에 영국령 인도로부터 분리독립해, 힌두교도가 많은 인도와는 지금도 대립이 이어지고 있어요.

- 수도 : 이슬라마바드
- 통화 : 파키스탄 루피
- 면적 : 79만 6095km²
- 인구 : 2억 3818만 1천 명
- 인구밀도 : 299.1명/km²
- 언어 : 우르두어, 영어(둘 다 공용어)
- 종교 : 이슬람교(국교)
- 주요 특산품 : 밀가루, 염소 고기, 버터, 면직물 등

남아시아
스리랑카
〔스리랑카 민주 사회주의 공화국〕

빛나는 보물섬
인도반도 남단 앞바다에 떠 있는 섬나라. 국명은 '빛나는 섬'을 의미해요. 실제로 루비와 사파이어 등의 보석이 많이 있어요. '실론 티'의 이름으로 알려진 홍차의 수출량은 세계에서 손꼽을 정도예요.

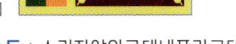

- 수도 : 스리자야와르데네푸라코테
- 통화 : 스리랑카 루피
- 면적 : 6만 5610km²
- 인구 : 2304만 4천 명
- 인구밀도 : 351.2명/km²
- 언어 : 싱할라어(공용어)
- 종교 : 불교 등
- 주요 특산품 : 차, 코코넛, 루비, 의류품 등

남아시아
부탄
〔부탄 왕국〕

국민의 행복을 중요시하는 나라
히말라야산맥의 기슭에 있는 작은 나라. 눈이 많이 내려, 그 눈이 녹은 물을 수력발전으로 이용하고, 이를 통해 만들어진 전력을 인도에 수출하고 있어요. 국민행복지수를 올리는 것을 헌법에 명시해 행복한 나라를 만들고 있어요.

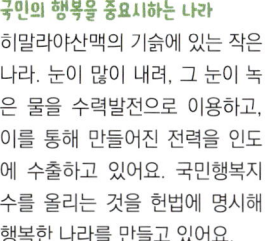

- 수도 : 팀푸
- 통화 : 눌트럼
- 면적 : 3만 8394km²
- 인구 : 85만 7천 명
- 인구밀도 : 22.3명/km²
- 언어 : 종카어(공용어) 등
- 종교 : 불교 등
- 주요 특산품 : 철광석, 전력, 시멘트 등

남아시아
네팔
〔네팔 연방 민주 공화국〕

에베레스트 등산의 정문
에베레스트를 시작으로 8000m에 달하는 산이 줄지어 있는 히말라야산맥의 기슭에 있어, 전 세계에서 등산객들이 몰려요. 남부의 마을 룸비니는 불교의 창시자인 부처의 탄생지로 많은 순례자들이 방문해요.

- 수도 : 카트만두
- 통화 : 네팔 루피
- 면적 : 14만 7181km²
- 인구 : 3042만 4천 명
- 인구밀도 : 206.7명/km²
- 언어 : 네팔어(공용어)
- 종교 : 힌두교 등
- 주요 특산품 : 쌀, 향신료, 의류품, 카펫 등

중앙아시아
카자흐스탄
〔카자흐스탄 공화국〕

우주기지가 있는 나라
1991년에 소련(현 러시아)으로부터 독립한 나라 가운데 가장 커요. 1957년에 세계 최초의 인공위성을 쏘아 올린 바이코누르 우주기지가 있는데, 현재도 러시아의 우주기지로서 사용되고 있어요.

- 수도 : 아스타나(누르술탄에서 변경)
- 통화 : 텡게
- 면적 : 272만 4900km²
- 인구 : 1924만 5천 명
- 인구밀도 : 7명/km²
- 언어 : 카자흐어, 러시아어 (둘 다 공용어)
- 종교 : 이슬람교 등
- 주요 특산품 : 말, 우라늄 광석, 크롬 광석, 갈륨 등

남아시아
몰디브
〔몰디브 공화국〕

아름다운 산호초의 섬들
인도양에 떠 있는 1200여 개의 섬들로 되어 있는 리조트 아일랜드. 다이빙이나 관광을 하러 많은 사람들이 찾아요. 인구는 수도 말레에 집중되어 있어 인구밀도가 엄청 높아요. 참치와 가다랑어와 같은 수산물을 우리나라와 일본 등지에 수출하고 있어요.

- 수도 : 말레
- 통화 : 루피야
- 면적 : 298km²
- 인구 : 39만 명
- 인구밀도 : 1308.7명/km²
- 언어 : 디베히어(공용어), 영어
- 종교 : 이슬람교(국교)
- 주요 특산품 : 참치, 가다랑어, 수산물 가공품 등

중앙아시아
우즈베키스탄
〔우즈베키스탄 공화국〕

사막의 오아시스
국가의 이름에 붙은 '스탄'은 페르시아어로 '토지'를 의미해요. 과거 유럽과 아시아를 잇는 교역로 실크로드의 중계지로 떠올랐어요. 당시 수도인 사마르칸트의 유적은 세계문화유산이에요.

- 수도 : 타슈켄트
- 통화 : 숨
- 면적 : 44만 7400km²
- 인구 : 3084만 2천 명
- 인구밀도 : 68.9명/km²
- 언어 : 우즈베크어(공용어), 러시아어 등
- 종교 : 이슬람교 등
- 주요 특산품 : 면화, 황마포, 천연가스 등

중앙아시아
투르크메니스탄

자원이 풍부한 영세중립국
카스피해의 동쪽 해안에 있는, 국토의 대부분이 사막인 나라. 1991년에 소련(현 러시아)으로부터 독립했어요. 이듬해 국제연합에 가맹했으며, 1995년에 '영세중립국'을 선언했어요. 천연자원이 풍부해서 학교와 병원 등이 무료예요.

- 수도 : 아시가바트
- 통화 : 마나트
- 면적 : 48만 8100km²
- 인구 : 557만 9천 명
- 인구밀도 : 11.4명/km²
- 언어 : 투르크멘어(공용어), 러시아어 등
- 종교 : 이슬람교 등
- 주요 특산품 : 면화, 천연가스, 석유, 양탄자 등

서아시아
이라크
〔이라크 공화국〕

메소포타미아 문명의 발상지
나라의 한가운데를 흐르는 티그리스강과 유프라테스강. 그 사이에서 인류 사상 가장 오래된 문명이 탄생해, 달력과 문자가 만들어지기 시작했어요. 세계에서 손꼽히는 원유산출국이지만, 민족 간의 종교 대립이 계속되어 나라가 불안정해요.

- 수도 : 바그다드
- 통화 : 이라크 디나르
- 면적 : 43만 8317km²
- 인구 : 3965만 명
- 인구밀도 : 90.4명/km²
- 언어 : 아랍어, 쿠르드어 (둘 다 공용어)
- 종교 : 이슬람교 등
- 주요 특산품 : 대추야자, 석유, 천연가스 등

중앙아시아
키르기스스탄
〔키르기즈 공화국〕

유목민의 나라에서 농경 국가로
해발 3000m를 넘는 산간지대에 있어서 '중앙아시아의 알프스'라고도 불려요. 과거에는 유목민이 많았으나, 현재는 정착해서 농경이나 목축업을 주로 해요. 면화와 포도 재배가 활발해요.

- 수도 : 비슈케크
- 통화 : 솜
- 면적 : 19만 9951km²
- 인구 : 601만 8천 명
- 인구밀도 : 30명/km²
- 언어 : 키르기스어, 러시아어(둘 다 공용어), 우즈베크어 등
- 종교 : 이슬람교 등
- 주요 특산품 : 소, 양, 면화, 수은 등

서아시아
카타르
〔카타르국〕

세계에서 가장 부유한 나라
석유와 천연가스의 산출량이 세계 최대 나라 중 하나예요. 부자 나라로, 의료비, 교육비, 광열비가 무료예요. 거대 리조트 빌딩 건설 등, 관광에도 힘을 쏟고 있어요. 2022년에 월드컵이 개최되었어요.

- 수도 : 도하
- 통화 : 카타르 리얄
- 면적 : 1만 1586km²
- 인구 : 247만 9천 명
- 인구밀도 : 213.9명/km²
- 언어 : 아랍어(공용어), 영어(제2 언어)
- 종교 : 이슬람교, 기독교, 힌두교 등
- 주요 특산품 : 석유, 천연가스, 비료 등

중앙아시아
타지키스탄
〔타지키스탄 공화국〕

'세계의 지붕'에서 살아요
국토의 대부분이 산맥으로, 최고 높이가 7495m에 이르러요. 동부에 있는 파미르고원은 평균 고도가 5000m에 이르러요. 고원의 고저차를 살려 눈이 녹은 물을 이용한 수력발전을 하고 있어요. 면화, 밀가루, 쌀 등의 재배도 활발해요.

- 수도 : 두샨베
- 통화 : 소모니
- 면적 : 14만 4100km²
- 인구 : 899만 명
- 인구밀도 : 30명/km²
- 언어 : 타지크어(공용어), 우즈베크어 등
- 종교 : 이슬람교 등
- 주요 특산품 : 면화, 비단, 안티몬, 수은 등

서아시아
쿠웨이트
〔쿠웨이트국〕

세계적으로 유명한 산유국
페르시아만의 가장 안쪽에 있는, 강원도 정도 크기의 소국. 석유산업이 발전하여 나라가 부유해요. 국민의 대부분이 국가공무원이거나 국영기업에서 일하고 있어요. 인구의 절반 이상이 외국인 근로자로, 그 격차가 커 문제가 되고 있어요.

- 수도 : 쿠웨이트시티
- 통화 : 쿠웨이트 디나르
- 면적 : 1만 7818km²
- 인구 : 303만 2천 명
- 인구밀도 : 170.1명/km²
- 언어 : 아랍어(공용어)
- 종교 : 이슬람교, 기독교 등
- 주요 특산품 : 석유, 천연가스, 유황 등

서아시아
오만
〔오만 술탄국〕

신밧드의 나라
수도 무스카트는 『아라비안나이트』에 등장하는 신밧드가 항해를 떠났다고 알려져 있는 항구예요. 산유국으로 알려져 있지만 농업과 어업도 활발해요.

- 수도 : 무스카트
- 통화 : 오만 리알
- 면적 : 30만 9500km²
- 인구 : 369만 4천 명
- 인구밀도 : 11.9명/km²
- 언어 : 아랍어(공용어), 영어 등
- 종교 : 이슬람교 등
- 주요 특산품 : 야자대추, 새우, 석유, 천연가스 등

서아시아
요르단
〔요르단 하심 왕국〕

성스러운 강과 사막의 나라
팔레스타인의 국경을 따라 사해로 흘러 들어가는 요르단강은 그리스도가 세례를 받은 성스러운 강으로 알려져 있어요. 사해는 염분 농도가 높아 몸이 뜨는 것으로 유명해요. 세계문화유산인 '페트라 유적'은 사막 계곡에 있어요.

- 수도 : 암만
- 통화 : 요르단 디나르
- 면적 : 8만 9342km²
- 인구 : 1090만 9천 명
- 인구밀도 : 122.1명/km²
- 언어 : 아랍어(공용어), 영어
- 종교 : 이슬람교 등
- 주요 특산품 : 천연가스, 인 광석, 비료, 의류품 등

서아시아
레바논
〔레바논 공화국〕

알파벳의 발상지
지중해 교역과 레바논 삼나무의 수출로 번성한 역사 깊은 나라예요. 3000년 전부터 살고 있었던 해양 민족이 알파벳의 뿌리가 되는 페니키아 문자를 만들었다고 알려져 있어요. 올리브와 포도가 특산품이에요.

- 수도 : 베이루트
- 통화 : 레바논 파운드
- 면적 : 1만 400km²
- 인구 : 526만 1천 명
- 인구밀도 : 505.8명/km²
- 언어 : 아랍어(공용어), 프랑스어 등
- 종교 : 이슬람교, 기독교 등
- 주요 특산품 : 올리브, 와인 등

서아시아
바레인
〔바레인 왕국〕

서아시아 금융의 중심지
페르시아만에 있는 30개가 넘는 섬들로 이루어져 있어요. 산유국으로도 알려져 있지만, 오래전부터 무역의 중계지로 번성하였으며 현재는 금융업이 발전했어요. 해외 기업들도 모여들어서 관광산업에 힘을 쏟고 있어요. 모터스포츠가 인기 있어요.

- 수도 : 마나마
- 통화 : 바레인 디나르
- 면적 : 760km²
- 인구 : 152만 6천 명
- 인구밀도 : 2007.8명/km²
- 언어 : 아랍어(공용어), 영어 등
- 종교 : 이슬람교 등
- 주요 특산품 : 석유, 천연가스, 알루미늄 등

서아시아
아제르바이잔
〔아제르바이잔 공화국〕

카스피해에 접해 있는 불의 나라
메탄가스를 머금은 진흙 화산이 많이 있어, 과거 불꽃을 숭배하는 종교가 번성했어요. 수도 바쿠에는 불꽃을 형상화한 '플레임 타워'가 있어요. 이 건물은 카스피해의 유전 개발로 벌어들인 수익으로 만들었어요. 아르메니아 쪽에 떨어진 영토(월경지)가 있어요.

- 수도 : 바쿠
- 통화 : 아제르바이잔 마나트
- 면적 : 8만 6600km²
- 인구 : 1028만 2천 명
- 인구밀도 : 118.7명/km²
- 언어 : 아제르바이잔어(공용어)
- 종교 : 이슬람교 등
- 주요 특산품 : 면화, 석유, 천연가스, 와인 등

서아시아
예멘
〔예멘 공화국〕

아라비아반도 남단에 있는 나라
고대에는 인도와 지중해를 잇는 중계지로서 인파가 몰려, '행복의 아라비아'라고 불렸어요. 커피의 산지로, 과거 모카항에서 수출하여 '모카커피'라는 이름이 붙었어요.

- 수도 : 사나
- 통화 : 예멘 리알
- 면적 : 52만 7968km²
- 인구 : 3039만 9천 명
- 인구밀도 : 57.5명/km²
- 언어 : 아랍어(공용어)
- 종교 : 이슬람교
- 주요 특산품 : 커피콩, 석유, 천연가스 등

서아시아 키프로스

〔키프로스 공화국〕

남북 분단으로 흔들리는 섬나라

지중해의 섬나라. 그리스신화의 미의 여신 비너스 탄생 전설이 있는 땅으로, 유럽에서 인기 있는 휴양지예요. 1991년에 영국령으로부터 독립해, 그리스계와 튀르키예계의 주민들이 분단된 상태가 계속되고 있어요.

- 수도 : 니코시아
- 통화 : 유로
- 면적 : 9251km²
- 인구 : 128만 1천 명
- 인구밀도 : 138.6명/km²
- 언어 : 그리스어, 튀르키예어 (둘 다 공용어)
- 종교 : 기독교 등
- 주요 특산품 : 치즈, 선박, 석유 제품, 의약품 등

서아시아 조지아

와인의 발상지

이전에는 그루지야라고 불렸었어요. 서쪽은 흑해와 접해 있고, 북쪽으로는 5000m급의 캅카스산맥이 이어져요. 8000년 전부터 와인을 만들어 왔으며, 전통적 양조 방법은 세계 무형문화유산에 등재되었어요.

- 수도 : 트빌리시
- 통화 : 라리
- 면적 : 6만 9700km²
- 인구 : 493만 3천 명
- 인구밀도 : 70.7명/km²
- 언어 : 조지아어(공용어)
- 종교 : 기독교 등
- 주요 특산품 : 헤이즐넛, 와인, 망가니즈 등

서아시아 시리아

〔시리아 아랍 공화국〕

시리아의 수도는 세계에서 가장 오래된 도시

지중해에 접해 있는, 5000년 전부터 번성했던 나라예요. 수도 다마스쿠스를 비롯해 북쪽의 알레포, 남쪽의 부스라도 세계문화유산으로 지정된 고대도시예요. 하지만 2011년의 반정부 시위가 계기가 되어 내전이 일어나 전쟁이 오랫동안 계속되고 있어요.

- 수도 : 다마스쿠스
- 통화 : 시리아 파운드
- 면적 : 18만 7437km²
- 인구 : 2038만 4천 명
- 인구밀도 : 108.7명/km²
- 언어 : 아랍어(공용어)
- 종교 : 이슬람교 등
- 주요 특산품 : 올리브, 무명실, 비누, 석유 등

서아시아 팔레스타인

〔팔레스타인국*〕

한정된 자치구에 살다

이스라엘로부터 쫓겨난 팔레스타인인이 사는 가자지구와 요르단강 서안지구가 자치정부가 통치하는 범위예요(48p). 이 지구에 살 수 없는 사람들은 난민이 되어 타국에서 불편한 생활을 하고 있어요.

- 수도 : 라말라(서안지구)
- 통화 : 이스라엘 신 셰켈
- 면적 : 6020km²
- 인구 : 497만 명
- 인구밀도 : 825.5명/km²
- 언어 : 아랍어
- 종교 : 이슬람교 등
- 주요 특산품 : 올리브, 오렌지, 건축용 석재 등

※팔레스타인국 : UN에서 국가로서 인정하고 있지 않아요.

서아시아 아프가니스탄

〔아프가니스탄 이슬람 공화국〕

혼란이 계속되고 있는 문명의 교차점

과거 실크로드의 중계지로서 번성했었으나, 현재는 강대국의 침공 및 탈레반 정권의 수립, 내전에 의한 혼란이 오랜 기간 계속되고 있어요. 미국이 완전히 철수한 지금 정부가 탈레반에 다시 장악당해 인권 문제가 심각해요.

- 수도 : 카불
- 통화 : 아프가니
- 면적 : 65만 2230km²
- 인구 : 3746만 6천 명
- 인구밀도 : 57.4명/km²
- 언어 : 다리어, 파슈토어(둘 다 공용어)
- 종교 : 이슬람교
- 주요 특산품 : 무화과, 아몬드, 포도, 양탄자 등

서아시아 아르메니아
〔아르메니아 공화국〕

IT산업이 발전하는 나라

301년에 세계에서 처음으로 기독교를 국교로 정한 나라예요. 그 때문에 아르메니아에서 가장 오래된 성당은 세계문화유산으로 지정되어 있어요. 최근에는 나라에서 새로운 교육에 힘을 쏟아, IT(정보통신) 산업이 발전하고 있어요.

- 수도 : 예레반
- 통화 : 드람
- 면적 : 2만 9743km²
- 인구 : 301만 1천 명
- 인구밀도 : 101.2명/km²
- 언어 : 아르메니아어(공용어)
- 종교 : 기독교
- 주요 특산품 : 와인, 다이아몬드 등

3장

유럽

유럽

유럽은 러시아를 포함한 유라시아 대륙의 서쪽에 위치해 있으며, 네 개의 지역으로 나눌 수 있어요. 유럽은 고대 로마시대, 대항해시대, 산업혁명 등 세계의 중심지 중 하나로서 발전해 왔으며, 전 세계에 많은 영향을 미쳤어요. 영화, 음악, 건축 등의 예술문화도 굉장히 뛰어나답니다.

서유럽

독일

[독일 연방 공화국]

수도 : 베를린
통화 : 유로
면적 : 35만 7022km² (한국의 약 3.6배)
인구 : 7990만 3천 명
인구밀도 : 223.8명/km²
언어 : 독일어(공용어) 등
종교 : 기독교 등
주요 특산품 : 호밀①, 보리, 맥주, 치즈, 자동차 등
주요 무역국 : 중국, 프랑스, 네덜란드, 미국 등

브레멘 음악대
세계문화유산인 '브레멘 시청' 옆에는 당나귀, 개, 고양이, 닭의 동상이 있어요.

그림 동화는 그림 형제가 독일의 민화를 정리한 거야!

경제와 환경의 양립을 추진하는, 유럽을 리드하는 나라 중 하나

서유럽의 거의 중앙에 위치해 국토의 약 30%가 삼림입니다. 제2차 세계대전 후에 동독과 서독으로 나누어졌지만, 1990년에 다시 통일되었어요. 제조 문화가 뿌리내리고 있는 공업 국가로, 자동차 등을 만들어 수출해요. 또한 자연보호로 세계를 리드하는 환경 선진국이에요.

맥주와 소시지로 유명하지만 독일 서부는 화이트와인의 이름난 산지예요. 라인강 유역의 따뜻하고 비옥한 토지에서 포도 등이 생산되고 있어요. 문화적으로는 작곡가 베토벤과 시인 괴테 등, 많은 예술가의 출생지이기도 해요.

● **국기의 의미** : 독일의 전통 배색. 검은색은 근면, 빨간색은 열혈, 노란색(금색)은 명예를 표현하고 자유와 통일을 상징해요.

● **이 점이 대단해요!** : 독일의 고속도로인 아우토반은 제2차 세계대전 때 만들기 시작해, 주변 나라들과 이어져 있어요.

1분 만에 싹 알아보는 독일

크리스마스 시장
14세기경에 독일에서 시작했다고 알려져 있는 크리스마스 시장은 크리스마스 4주 전부터 열리기 시작해요. 이때는 어떤 거리의 광장에 가도 크리스마스 장식이나 과자 등을 파는 포장마차들을 볼 수 있어요.

우리나라에서 가장 인기 있는 독일의 과자는?
ⓐ 애플파이
ⓑ 팬케이크
ⓒ 바움쿠헨

브레멘 시청

옥토버페스트
뮌헨의 맥주 축제! 매년 가을, 2주간에 걸쳐 개최되며 전 세계에서 600만 명이 모여들어요. 하얀 소시지와 구운 과자 프레첼이 명물이에요.

노이슈반슈타인성
19세기에 바이에른의 왕 루드비히 2세가 세운 성이에요. 독일의 관광명소를 잇는 '로맨틱 가도'의 종점이에요. 디즈니랜드에 있는 성의 모델이라고도 알려져 있어요.

● **한국과의 관계**: 1960~1980년대, 우리나라가 막 경제를 발전시킬 때 많은 파독 광부 및 간호사 분들이 독일에서 일을 했었어요. 궂은 일도 마다하지 않은 이 분들 덕분에 우리나라가 발전할 수 있었다는 사실을 잊지 말아요!

● **놀랄 만한 이야기!**: 토지가 메말라 있던 독일의 북부에서는 돼지고기를 장기간 보존하기 위해 소시지를 만드는 방법이 발전했어요.

퀴즈의 정답: ⓒ 바움쿠헨. 바움은 '나무', 쿠헨은 '과자'라는 뜻이에요. 나무의 나이테 같은 모양이에요!

서유럽

영국

[그레이트브리튼 북아일랜드 연합 왕국]

수도 : 런던
통화 : 영국 파운드
면적 : 24만 3610km²(한국의 약 2.4배)
인구 : 6708만 1천 명
인구밀도 : 275.3명/km²
언어 : 영어
종교 : 기독교 등
주요 특산품 : 양털, 석유, 자동차, 맥주, 양고기 등
주요 무역국 : 미국, 독일, 중국, 네덜란드, 프랑스 등

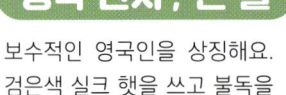

보수적인 영국인을 상징해요. 검은색 실크 햇을 쓰고 불독을 데리고 다니는 것이 일반적인 모습으로 그려져요.

불독은 영국이 원산지인 개. 얼굴은 무섭지만 참을성이 강해요.

네 개의 지역으로 이루어져 있는 연합왕국. 전통을 중요시하는 국민성

유럽 북서부에 위치한 그레이트브리튼섬의 잉글랜드, 스코틀랜드, 웨일스라고 불리는 세 개의 지역과, 아일랜드섬의 북아일랜드로 이루어진 연합왕국이에요. 대항해시대인 17~19세기에는 세계의 4분의 1을 지배할 정도로 거대한 대영제국을 건설했었어요. 그 사이에 산업혁명이 일어났고, 이때 증기기관차가 개발되고 기계에 의한 대량생산이 가능해졌답니다.

현재는 금융업이 활발하며, 런던 금융시장은 세계 3대 금융센터 중 하나예요. 2020년에 EU(유럽연합) 이탈을 완료해, 각국과 개별적으로 자유무역협정을 맺는 것으로 발전을 기대하고 있어요.

● **국기의 의미** : 비교적 최근에 영국에 통합된 웨일스를 제외한 세 개 왕국의 국기를 합친 '유니언 잭'.

● **이 점이 대단해요!** : 축구와 럭비의 발상지. 국제대회에서 영국만은 네 개 지역이 각각 팀을 이뤄 출전할 수 있어요.

1분 만에 싹 알아보는 영국

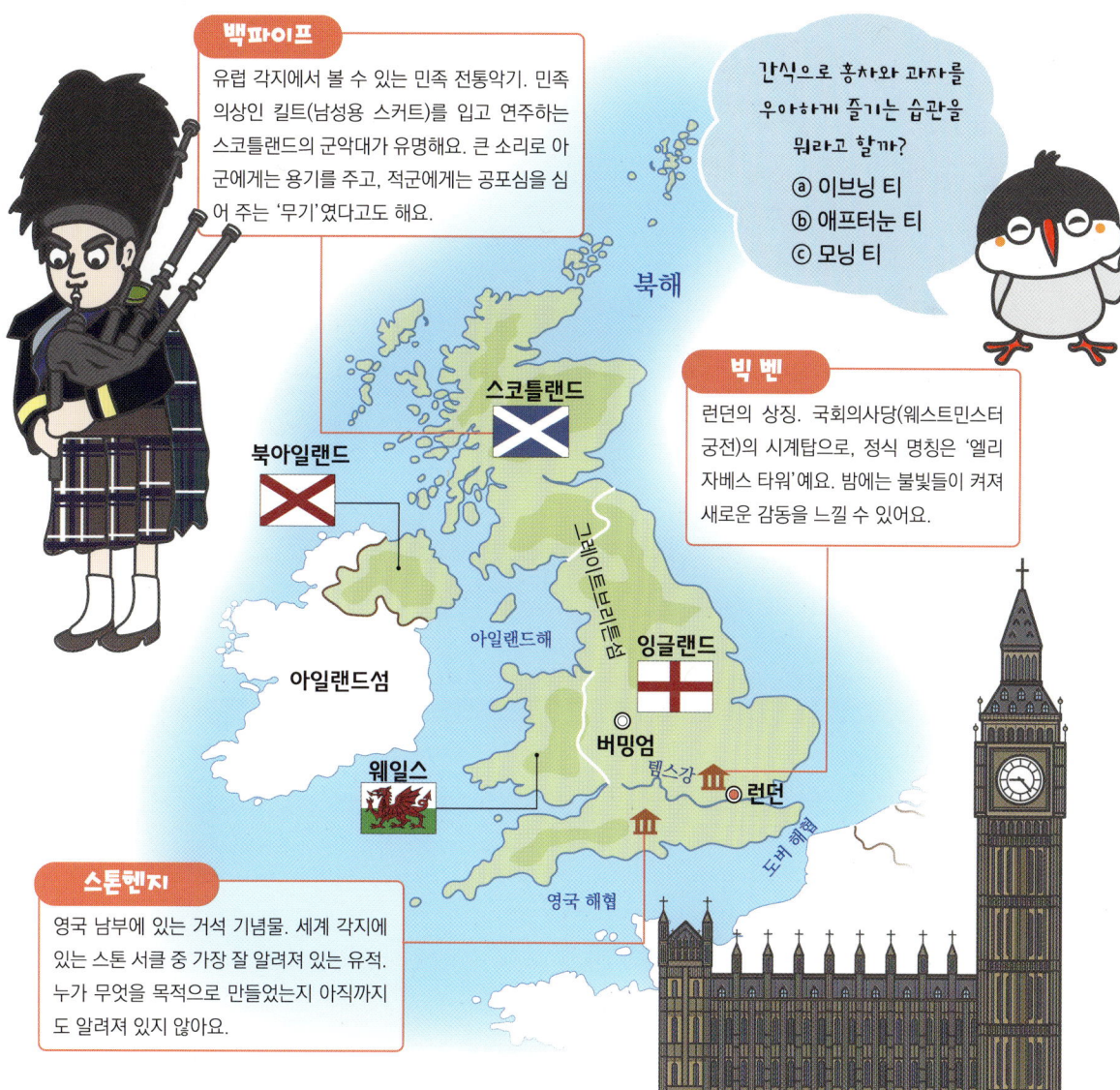

백파이프
유럽 각지에서 볼 수 있는 민족 전통악기. 민족 의상인 킬트(남성용 스커트)를 입고 연주하는 스코틀랜드의 군악대가 유명해요. 큰 소리로 아군에게는 용기를 주고, 적군에게는 공포심을 심어 주는 '무기'였다고도 해요.

간식으로 홍차와 과자를 우아하게 즐기는 습관을 뭐라고 할까?
ⓐ 이브닝 티
ⓑ 애프터눈 티
ⓒ 모닝 티

빅 벤
런던의 상징. 국회의사당(웨스트민스터 궁전)의 시계탑으로, 정식 명칭은 '엘리자베스 타워'예요. 밤에는 불빛들이 켜져 새로운 감동을 느낄 수 있어요.

스톤헨지
영국 남부에 있는 거석 기념물. 세계 각지에 있는 스톤 서클 중 가장 잘 알려져 있는 유적. 누가 무엇을 목적으로 만들었는지 아직까지도 알려져 있지 않아요.

● **한국과의 관계**: 『해리 포터』는 한국에서도 큰 인기를 끌었던 세계적인 소설이에요. 영화로도 큰 인기를 끌었어요.

● **놀랄 만한 이야기!**: 런던의 버킹엄 궁전은 영국 왕실의 거처예요. 왕이 집에 있을 때는 왕실기, 없을 때는 국기가 올라가요.

퀴즈의 정답: ⓑ 애프터눈 티. 홍차 문화는 영국 상류계급의 상징이에요. 19세기에 시작되었어요.

서유럽
프랑스
[프랑스 공화국]

- 수도 : 파리
- 통화 : 유로
- 면적 : 55만 1500km²(한국의 약 5.5배)
- 인구 : 6281만 4천 명
- 인구밀도 : 113.8명/km²
- 언어 : 프랑스어(공용어)
- 종교 : 기독교 등
- 주요 특산품 : 보리, 아마①, 와인, 치즈, 항공기 등
- 주요 무역국 : 독일, 벨기에, 이탈리아, 스페인 등

> 큰 소리로 우는 수탉은 프랑스의 높은 긍지를 나타내고 있어요.

수탉
수탉은 프랑스어로 '골루아'예요. 프랑스인의 선조인 갈리아인이라는 의미도 있어요.

▌관광객 수 세계 1위를 자랑하는 미식과 패션, 예술의 나라. 농업, 공업도 활발해요

서부는 대서양, 남부는 지중해에 접해 있는 서유럽에서 면적이 가장 넓은 나라예요. 따뜻한 기후와 광대한 토지를 살린 농업부터, 항공기와 우주산업 등 최첨단 공업들도 활발하게 발달해 있어요. 특히 와인의 산지로서 유명해서 이탈리아와 세계 1위의 자리를 두고 겨루고 있어요. 보르도 지방, 부르고뉴 지방, 샹파뉴 지방이 프랑스 와인의 3대 명산지예요.

수도 파리는 화가, 음악가, 패션 디자이너 등 여러 장르의 예술가가 모여드는 예술의 도시예요. 루브르박물관을 시작으로, 예술 명소가 가득하답니다.

- **국기의 의미** : 파란색은 자유, 흰색은 평등, 빨간색은 박애를 나타내요. 라 트리콜로르라고 불리며, 프랑스 혁명의 상징이에요.
- **이 점이 대단해요!** : 고속철도 TGV는 프랑스 본토는 물론이고 스위스나 독일, 이탈리아 등의 다른 나라까지도 타고 갈 수 있어요.

1분 만에 싹 알아보는 프랑스

파리의 센강
센강에 떠 있는 시테섬에 켈트계 사람들이 살기 시작한 것이 파리의 기원이에요. 세계문화유산지구에는 노트르담 대성당, 루브르박물관, 에펠탑 등 파리의 역사가 담겨 있어요.

몽생미셸
생말로만의 작은 섬에 우뚝 솟은 수도원. 호수의 간만의 차가 15m나 돼서, 지금은 다리로 이어져 있으나 과거에는 만조가 되면 걸어서 오갈 수 없었어요. 폭신폭신한 오므라이스가 명물이에요.

칸 국제 영화제
1946년부터 시작된 영화제. 최고상은 황금종려상이라고 불려요. 2019년에는 봉준호 감독의 우리나라 영화 『기생충』이 수상했어요.

알프스산맥의 최고봉과 같은 이름을 가진 과자는?
ⓐ 에클레어
ⓑ 마카롱
ⓒ 몽블랑

유럽 / 프랑스

● **한국과의 관계**: 프랑스는 문화 대국인 만큼 유럽에서 한류가 인기를 끌고 있는 대표적인 나라이기도 해요.
● **놀랄 만한 이야기!**: 프랑스의 학교에서는 점심에 밥을 먹으러 집으로 돌아가는 것이 원칙이에요. 급식도 선택할 수는 있지만, 도시락은 금지!

퀴즈의 정답: ⓒ 몽블랑. '하얀 산'을 의미해요. 해발 4810m로 유럽에서 두 번째로 높은 산이에요.

서유럽
네덜란드
[네덜란드 왕국]

- **수도** : 암스테르담
- **통화** : 유로
- **면적** : 4만 1543km²(한국의 약 0.4배)
- **인구** : 1733만 7천 명
- **인구밀도** : 417.3명/km²
- **언어** : 네덜란드어(공용어) 등
- **종교** : 기독교 등
- **주요 특산품** : 아마, 튤립, 치즈 등
- **주요 무역국** : 독일, 벨기에, 영국, 미국 등

물가에 자라는 물냉이는 자연이 만들어 낸 아름다운 녹색 식물!

흑꼬리도요

습지에 사는 철새. 2015년에 네덜란드의 국조로 지정되었어요.

바다보다 낮은 땅에 있는 튤립과 풍차, 운하의 나라

유럽의 북서부에 있으며 북해와 접해 있어요. 국토의 4분의 1이 바다보다 낮은 위치에 있으며, 국가의 이름인 '네덜란드'는 네덜란드어로 '낮은 토지'를 의미해요. 운하의 물을 퍼내기 위해서 풍차가 만들어졌답니다.

네덜란드는 17세기에 다른 나라들보다 먼저 해양대국으로 군림했는데, 이는 북해가 유럽 교역의 중요한 거점이었기 때문이에요. 이때도 풍차가 많은 역할을 했는데 풍차는 목재를 자르는 데도 사용되어 조선업이 발전했답니다. 현재도 네덜란드의 로테르담항은 세계에서 손꼽히는 화물량을 자랑하는 항구예요.

원예가 활발하며, 세계에서 가장 큰 꽃 시장인 알스메이르 꽃 시장이 있어요.

● **국기의 의미** : 빨간색은 용기, 흰색은 신앙심, 파란색은 애국심을 나타내요. 룩셈부르크의 국기와 닮았지만 파란색이 더 진해요.

● **이 점이 대단해요!** : 초등학교 때부터 영어를 배우기 때문에 독일어와 프랑스어 등을 포함하여 3~4개 국어를 말할 수 있는 사람이 많아요.

1분 만에 싹 알아보는 네덜란드

킨더다이크의 풍차 마을
풍차는 네덜란드 수력 공학의 상징이며 19세기에는 국내에 1만 기가 넘게 있었어요. 킨더다이크 지구의 운하 주변에는 지금도 19기의 풍차가 줄지어 있어, 제분 등에 이용되고 있어요.

신터클라스의 날
영어로는 '산타클로스의 날'. 네덜란드의 신터클라스는 스페인에서 증기선을 타고 와요. 신터클라스가 오는 12월 5일에 성대하게 축제를 벌이고 25일에는 가족끼리 조용히 보내는 것이 특징이에요.

4월 27일은 네덜란드 국왕의 생일. 왕가를 상징하는 색깔은?
ⓐ 오렌지색
ⓑ 녹색
ⓒ 보라색

튤립 페스티벌
암스테르담에서는 매년 4월에 길거리, 공원, 역, 박물관 등에 형형색색의 튤립 화분들이 놓여요. 사실 튤립의 원산지는 튀르키예이지만 16세기에 네덜란드에 전해졌어요.

● **한국과의 관계 :** 2002년 한일 월드컵 때 우리나라 국가 대표팀을 지도하여 4강 신화를 이룬 거스 히딩크 감독이 네덜란드인이에요.

● **놀랄 만한 이야기! :** 조선시대에 네덜란드인이 한반도에 머문 적이 있었다는 사실! 조선시대 후기에 네덜란드인인 하멜이 제주도에 표류한 후 조선에 억류되었었어요. 이때 지은 『하멜표류기』가 알려져 있어요.

퀴즈의 정답: ⓐ 오렌지색. 모두가 오렌지색의 복장을 입고 야외의 점포에서 물건을 판매해요.

서유럽
스위스
[스위스 연방]

길이가 2~4m, 세 부분으로 나누어서 들고 다녀요.

수도 : 베른
통화 : 스위스 프랑
면적 : 4만 1227km² (한국의 약 0.4배)
인구 : 845만 3천 명
인구밀도 : 204.7명/km²
언어 : 독일어, 프랑스어, 이탈리아어,
  *로만슈어(전부 공용어) 등
종교 : 기독교 등
주요 특산품 : 우유, 손목시계, 의약품 등
주요 무역국 : 독일, 미국, 이탈리아, 영국, 프랑스 등
*로만슈어 : 알프스산맥 인근의 지역에서 사용되고 있는 언어

알프호른
스위스 전통 목제 금관악기. 목동들의 의사전달 수단으로서 사용되고 있어요.

항상 중립을 지키는 영세중립국. 알프스 소녀 하이디로 유명해요

국토의 70%가 아름다운 산과 호수로 이루어진 관광하기 좋은 나라예요. 이탈리아 쪽에는 알프스산맥, 프랑스 쪽에는 쥐라산맥, 고지에는 목초지가 펼쳐져 있어 여름에도 시원한 산악기후를 이용한 낙농이 활발해요. 또한, 금융업 및 정밀기계공업이 번성하였는데 그중에서도 고급 손목시계는 세계 최고의 기술력으로 알려져 있답니다.

프랑스, 이탈리아, 독일에 둘러싸인 소국이어서 스스로 전쟁을 시작하지 않고 어떠한 전쟁에도 협력하지 않는 '영세중립국'을 선언하고 있어요. 하지만 다른 나라로부터 침략당했을 때를 대비해 남성은 18세가 되면 징병 검사를 받을 의무가 있답니다.

● **국기의 의미** : 십자가는 기독교의 상징. 빨간색은 국민 주권과 힘을 상징하고 흰색은 기독교의 정신을 나타내요.

● **이 점이 대단해요!** : 알프스산맥을 달리는 산악철도 '빙하특급'은 누구나 꼭 타 보고 싶은 기차예요. 천장에도 전망을 볼 수 있는 창이 있어요.

1분 만에 싹 알아보는 스위스

베른 구시가지
유럽에서 가장 아름다운 중세 도시 중 하나로, 대성당, 시계탑, 분수 등 관광명소가 잔뜩 있어요. 스위스의 수도로서의 도시 기능도 갖추고 있어요.

아이스하키가 국민들에게 인기가 많아! 아이스하키에 사용되는 고무 재질의 공 이름은?
ⓐ 셔틀
ⓑ 스톤
ⓒ 퍽

스위스 알프스
몬테로사산의 고도 4634m 지점이 최고 지점이에요. 명산인 마터호른산은 용맹한 모습을 뽐내요. 알레치 빙하를 품은 융프라우산은 세계자연유산이에요.

국제도시 제네바
세계보건기구(WHO) 및 적십자국제위원회 등 국제기관의 본부가 있으며, 연간 약 7000번의 국제회의가 개최돼요. 그 이유는 스위스가 영세중립국으로서 중립 외교를 하고 있기 때문! 과거에는 국제연맹의 본부도 여기에 있었어요.

융프라우·알레치

● **한국과의 관계**: 산골마을에서 할아버지와 사는 어린이 하이디의 이야기를 담은 소설 『하이디』. 아이들이 요들송과 함께 스위스 하면 가장 먼저 떠올리는 인물이에요.

● **놀랄 만한 이야기!**: 밀크초콜릿은 19세기 후반에 스위스에서 부드럽게 반죽하는 기계가 개발되며 생겨났어요.

퀴즈의 정답: ⓒ 퍽. 스위스에는 1160개가 넘는 아이스하키팀들이 있어서, 연간 1만 6000번이나 시합을 해요.

서유럽
벨기에
[벨기에 왕국]

서부의 도시 이퍼르는 어느 동물의 축제로 유명해요. 그 동물은 무엇일까요?
ⓐ 개　ⓑ 소　ⓒ 고양이

브뤼셀 오줌싸개 동상
폭탄에 오줌을 누어 브뤼셀의 거리를 지킨 영웅 줄리앙!

- 수도 : 브뤼셀
- 통화 : 유로
- 면적 : 3만 528km²(한국의 약 0.3배)
- 인구 : 1177만 8천 명
- 인구밀도 : 385.8명/km²
- 언어 : 네덜란드어, 프랑스어, 독일어(전부 공용어)
- 종교 : 기독교 등
- 주요 특산품 : 아마, 맥주, 초콜릿, 의약품 등
- 주요 무역국 : 독일, 네덜란드, 프랑스, 미국 등

유럽의 국제기관이 모여 있으며, 맛있는 음식이 잔뜩 있는 나라

　1830년에 네덜란드로부터 독립해, 북부는 네덜란드어를 사용하며 남부는 프랑스어를 사용해요. 수도 브뤼셀에는 EU(유럽연합)와 NATO(북대서양조약기구) 등 국제기관의 본부들이 있어요. 북해와 가까운 중세의 상업도시 브뤼헤 역사지구, 아동문학 『플랜더스의 개』의 무대로 유명한 '안트베르펜 성모 마리아 대성당' 등이 세계문화유산에 등록되어 있어요.

　미식의 나라로도 유명한데, 특히 초콜릿 전문점이 2000개가 넘어요. 또한 와플, 벨기에 맥주는 세계적으로 알려져 있답니다.

● **국기의 의미** : 왕국의 황금색 사자의 문양을 본떴어요. 검은색은 힘, 노란색은 만족스러움, 빨간색은 승리를 나타내요.

● **이 점이 대단해요!** : 2년마다 열리는 '플라워 카펫'은 브뤼셀의 그랑플라스 광장을 꽃으로 가득 메우는 축제예요.

퀴즈의 정답 : ⓒ 고양이. 3년에 한 번, 전 세계의 고양이 애호가들이 모여 고양이 모습을 하고 퍼레이드를 해요.

서유럽

오스트리아

[오스트리아 공화국]

수도 : 빈
통화 : 유로
면적 : 8만 3871km² (한국의 약 0.8배)
인구 : 888만 4천 명
인구밀도 : 105.9명/km²
언어 : 독일어(공용어), 크로아티아어 등
종교 : 기독교 등
주요 특산품 : 마그네슘, 철광석, 자동차, 기계류 등
주요 무역국 : 독일, 이탈리아, 미국 등

오스트리아 전통의 초콜릿케이크는?
ⓐ 가토 쇼콜라
ⓑ 자허토르테
ⓒ 브라우니

제비
오스트리아의 국조. 요제프의 왈츠곡 '오스트리아의 마을 제비'가 유명하죠!

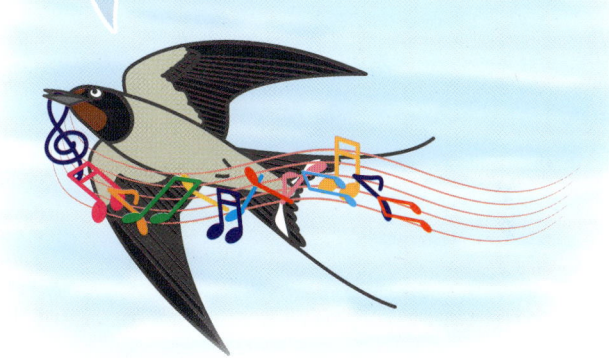

중세 유럽의 중심으로서 번성하여 많은 예술가들을 탄생시킨 나라

유력 귀족인 합스부르크가가 지배하였으며, 13세기의 신성 로마 제국에서부터 20세기 초반의 오스트리아 헝가리 제국 시절까지, 오스트리아는 유럽의 중심으로서 번성했어요. 귀족들이 음악과 미술 등에 관심이 많았으며, 이러한 것들을 지켜 왔기 때문에 오스트리아에는 많은 예술가들이 생겨났답니다. 수도 빈에서는 현재도 음악제와 미술전 등이 활발하게 열리고 있어요.

빈 역사지구를 시작으로 모차르트가 태어난 거리인 잘츠부르크 등이 세계문화유산으로 지정되었어요. 영화 『사운드 오브 뮤직』의 무대가 된 할슈타트도 그중 하나로, 세계에서 가장 아름다운 호숫가라고 불리고 있답니다.

● **국기의 의미** : 십자군 원정 때 국왕의 하얀 군복이 벨트 부분을 제외하고 피로 물들었다고 하는 전설로부터 지금의 국기가 만들어졌어요.
● **이 점이 대단해요!** : '천상의 목소리'라고 불리는 빈 소년 합창단은 500년이 넘는 역사를 지니고 있어요.

퀴즈의 정답: ⓑ 자허토르테. 17세기에 빈에서 활동했던 요리사, 프란츠 자허가 만들었다고 해요.

서유럽
아일랜드

수도 : 더블린
통화 : 유로
면적 : 7만 273km²(한국의 약 0.7배)
인구 : 522만 4천 명
인구밀도 : 74.3명/km²
언어 : 영어, 아일랜드어(둘 다 공용어)
종교 : 기독교
주요 특산품 : 양, 소, 맥주, 버터 등
주요 무역국 : 미국, 영국, 독일, 벨기에, 네덜란드 등

아일랜드를 녹색의 보석에 빗대어 무슨 섬이라고 부르고 있을까요?
ⓐ 에메랄드섬
ⓑ 오팔섬
ⓒ 토파즈섬

녹색의 요정 레프러콘
성 패트릭 데이의 인기 코스프레이기도 해요!

따듯한 녹색의 나라,
아이리시 댄스와 위스키의 발상지

그레이트브리튼섬의 서쪽에 있는 아일랜드섬의 대부분을 차지하고 있는 나라예요. 기원전 3세기경부터 켈트족 사람들이 살기 시작했어요. 그 후, 기독교를 받아들여 국민의 대부분이 기독교도랍니다. 3월 17일은 성 패트릭 데이로, 이때는 기독교를 전파한 성인 파트리치오를 기리며 나라 전체를 녹색으로 물들이는 축제가 열려요.

영국으로부터 1937년에 독립했을 때 영국과 같은 개신교도인 북아일랜드는 영국에 남았으나, 음악이나 문화는 국경을 사이에 두고도 동일해요.

● **국기의 의미** : 녹색은 아일랜드의 전통, 오렌지색은 이교도를 나타내며, 흰색은 양쪽 모두의 우애와 협조를 의미해요.
● **이 점이 대단해요!** : 럭비의 강국이기도 한 아일랜드 대표팀은 아일랜드와 북아일랜드(영국) 두 나라가 합쳐진 통일 팀이에요.

퀴즈의 정답: ⓐ 에메랄드섬. 국토의 거의 절반이 목초지이기 때문에 1년 내내 녹색이에요.

북유럽
스웨덴
[스웨덴 왕국]

가재
가재 파티는 스웨덴 여름 하면 빠질 수 없어요!

한국인 최초로 노벨상을 받은 대통령은?
ⓐ 이승만
ⓑ 박정희
ⓒ 김대중

- **수도** : 스톡홀름
- **통화** : 스웨덴 크로나
- **면적** : 45만 295km²(한국의 약 4.5배)
- **인구** : 1026만 1천 명
- **인구밀도** : 22.7명/km²
- **언어** : 스웨덴어(공용어)
- **종교** : 기독교 등
- **주요 특산품** : 철광석, 펄프, 자동차, 카메라 등
- **주요 무역국** : 독일, 노르웨이, 덴마크, 네덜란드, 핀란드 등

복지제도와 환경보호가 잘 되어 있는 나라. 모두가 안심하고 살 수 있어요

　스칸디나비아반도의 북부는 여름에는 해가 지지 않는 백야가, 겨울에는 반대로 태양이 떠오르지 않는 극야가 계속돼요. 또한 9월부터 4월 사이에는 오로라를 볼 수 있어요.

　스웨덴은 반도의 동쪽에 있으며 국토의 대부분이 삼림으로 덮여 있답니다. 또한 9만 6000개의 호수가 있어 '숲과 호수의 나라'라고 불려요. 복지 서비스, 남녀평등, 환경보호에 대한 의식이 높으며 살기 좋은 나라로 유명해요.

　노벨상은 스톡홀름 출신의 다이너마이트 발명가인 알프레드 노벨에 의해 만들어졌어요. 노벨상의 수상식이 열리는 12월 10일은 노벨의 기일이랍니다.

● **국기의 의미** : 국왕이 하늘에서 금색의 십자가를 보았다는 전설이 있고부터 스칸디나비아반도 등지의 북유럽 나라들의 국기에는 모두 십자가가 그려져 있어요.

● **이 점이 대단해요!** : 스톡홀름의 대중교통 대부분은 음식물 쓰레기에서 생기는 바이오가스 등을 사용하고 있어요.

퀴즈의 정답 : ⓒ 김대중. 2000년에 한반도의 평화를 위해 힘쓴 점이 인정되어 노벨평화상을 받았는데 한국인 최초이자 유일한 노벨상이에요.

북유럽
노르웨이
[노르웨이 왕국]

- 수도 : 오슬로
- 통화 : 노르웨이 크로네
- 면적 : 32만 3802km²(한국의 약 3.2배)
- 인구 : 550만 9천 명
- 인구밀도 : 17명/km²
- 언어 : 노르웨이어(공용어), 사미어, 핀란드어
- 종교 : 기독교 등
- 주요 특산품 : 술, 석유, 천연가스, 알루미늄 등
- 주요 무역국 : 독일, 스웨덴, 영국, 네덜란드 등

오슬로에서는 노벨○○상의 수상식이 열려요. ○ 안에 들어갈 글자는 무엇일까요?
ⓐ 화학
ⓑ 문학
ⓒ 평화

바이킹선
바이킹(노르웨이인)은 약탈 뿐만 아니라 교역도 했어요.

수산자원이 풍부한 천연자원의 보고. 용감한 바이킹의 후예들!

스칸디나비아반도의 서쪽에 있으며, 북부는 북극권에 포함돼요. 노르웨이해의 해안선은 빙하의 침식 작용으로 인해 피오르라고 불리는 복잡하게 뒤엉킨 지형이 되었어요. 북해는 석유와 천연가스 등 천연자원의 보고예요. 수산자원도 풍부해서 우리나라에도 많이 수출되는 노르웨이산 연어는 1970년대에 양식이 시작되었어요.

수도 오슬로에는 9~11세기에 활약했던 바이킹선 박물관이 있어요. 바이킹들은 교역에도 능했는데, 말린 대구를 식량으로 이용해서 당시에 아이슬란드나 그린란드까지 항해할 수 있었대요.

- **국기의 의미** : 파란색 십자가는 토지와 바다를 나타내고, 붉은 땅에 하얀색의 십자가는 과거 덴마크의 지배를 받았음을 나타내요.
- **이 점이 대단해요!** : 1994년 동계올림픽이 열린 릴레함메르는 올림픽 개최 도시 중 가장 북쪽에 위치해 있어요.

퀴즈의 정답: ⓒ 평화. 노벨이 스웨덴과 노르웨이의 평화를 바라며 만들어서 노벨평화상은 오슬로에서 수상식이 열려요.

북유럽
덴마크
[덴마크 왕국]

인어공주
안데르센의 동화를 모델로 한 조각상. 코펜하겐의 상징이에요.

셰익스피어 4대 비극 중 하나인 『햄릿』의 무대가 된 성은?
ⓐ 아칸보르성
ⓑ 크론보르성
ⓒ 아멘보르성

- 수도 : 코펜하겐
- 통화 : 덴마크 크로네
- 면적 : 4만 3094km²(한국의 약 0.4배)
- 인구 : 589만 4천 명
- 인구밀도 : 136.8명/km²
- 언어 : 스웨덴어(공용어)
- 종교 : 기독교 등
- 주요 특산품 : 호밀, 치즈, 돼지고기, 의약품 등
- 주요 무역국 : 독일, 스웨덴, 네덜란드, 중국 등

풍력 발전과 자전거 통학, 농업이 활발한 환경 선진국

　동화 『성냥팔이 소녀』, 『미운 오리 새끼』 등의 작품으로 잘 알려진 작가 안데르센은 덴마크에서 태어났어요. 덴마크는 독일의 북쪽에 있는 윌란반도와 주변의 500여 개 섬들로 구성되어 있어요. 평지가 많아 국토의 60%가 농지이며, 돼지고기, 치즈 등의 낙농제품, 호밀 등의 생산이 활발한 농업국가예요.

　바다에 많은 풍차를 세워 풍차가 돌아가는 힘을 이용해 전기를 얻는 해상 풍력 발전으로 나라 전력의 절반 정도를 충당하고 있어요. 또한, 국민의 환경 의식이 높고, 자전거로 통근 및 통학하는 사람이 전체의 절반을 차지하고 있답니다. 유럽에서는 자전거를 들고 전차에 타는 것이 가능해요.

● **국기의 의미** : 북유럽 국가에 공통적으로 나타나는 스칸디나비아 십자가의 원조. 1854년에 제정되었어요. 빨간색은 애국심, 흰색은 신앙심을 나타내요.

● **이 점이 대단해요!** : 모두가 좋아하는 레고 블록은 덴마크에서 탄생했어요. 덴마크의 레고랜드는 1968년에 개업했어요.

퀴즈의 정답 : ⓑ 크론보르성. 코펜하겐과 가까운 항구 헬싱괴르에 있어요. 세계문화유산이에요.

서유럽
룩셈부르크
〔룩셈부르크 대공국〕

- 수도 : 룩셈부르크
- 통화 : 유로
- 면적 : 2586km²(부산광역시의 약 3배)
- 인구 : 63만 9천 명
- 인구밀도 : 247명/km²
- 언어 : 룩셈부르크어, 프랑스어, 독일어(전부 공용어)
- 종교 : 기독교 등
- 주요 특산품 : 와인, 금속 제품 등

1인당 국내총생산(GDP)이 세계 제일*

10~15세기에 존재했던 신성로마제국이 만든, 성벽으로 둘러싸인 요새 도시가 룩셈부르크의 시초예요. 구시가지는 세계문화유산이에요. 현재는 금융 서비스업과 IT산업을 융합시킨 '핀테크'라는 새로운 분야에 주력해, 전 세계로부터 주목받고 있어요.

서유럽
리히텐슈타인
〔리히텐슈타인 공국〕

- 수도 : 바두츠
- 통화 : 프랑스 프랑
- 면적 : 160km²(경기도 안산시와 비슷)
- 인구 : 3만 9천 명
- 인구밀도 : 243.7명/km²
- 언어 : 독일어(공용어) 등
- 종교 : 기독교 등
- 주요 특산품 : 정밀기계, 의료기계, 수송기계, 우표 등

돈이 많고 높은 기술력을 가진 나라

알프스산맥의 기슭에 있는 작은 나라. 리히텐슈타인 공작가가 대대로 나라를 통치하고 있어요. 군대를 가질 수 없으며, 어떤 나라의 전쟁에도 협력하지 않는 영세중립국이에요. 주요 산업은 정밀기계공업으로, 높은 인쇄기술로 아름다운 우표를 발행해서 인기가 많아요.

서유럽
모나코
〔모나코 공국〕

- 수도 : 모나코
- 통화 : 유로
- 면적 : 2km²(여의도보다 더 작아요)
- 인구 : 3만 1천 명
- 인구밀도 : 1만 5500명/km²
- 언어 : 프랑스어(공용어), 영어, 이탈리아어, 모나코어
- 종교 : 기독교 등
- 주요 특산품 : 화장품, 보석 장식 등

세계에서 인구밀도가 가장 높은 나라

프랑스의 남동쪽에 있으며 지중해에 접해 있어요. 바티칸 시국 다음으로 세계에서 두 번째로 작은 나라예요. 소득세가 없기 때문에 주민의 80%는 외국인 부자들이에요. 주요 산업은 관광업으로, 도시의 큰길들이 F1 레이싱 경기장이 되는 '모나코 그랑프리'가 유명해요.

북유럽
핀란드
〔핀란드 공화국〕

- 수도 : 헬싱키
- 통화 : 유로
- 면적 : 33만 8145km²(한국의 약 3.4배)
- 인구 : 558만 7천 명
- 인구밀도 : 16.5명/km²
- 언어 : 핀란드어, 스웨덴어(둘 다 공용어) 등
- 종교 : 기독교 등
- 주요 특산품 : 크롬 광석, 목재, 펄프, 휴대전화 등

숲과 호수, 오로라와 무민의 나라

풍부한 자연환경과 더불어 사회보장제도가 잘 되어 있는 나라예요. 임업 외에 최근에는 첨단 기술 산업이 발전하고 있어요. '무민 월드', '산타클로스 마을' 등이 있으며, 사우나를 정말 좋아하는 나라로도 유명해요. 2018~2021년 UN의 세계 행복도 순위 조사에서 4년 연속 1위를 차지했어요.

※2020년 1인당 국내총생산(GDP) : 1위 룩셈부르크(11만 6921달러), 2위 스위스(8만 6849달러), 3위 아일랜드(8만 3850달러).

북유럽	
리투아니아 〔리투아니아 공화국〕	

- 수도 : 빌뉴스   통화 : 유로
- 면적 : 6만 5300km²(한국의 약 0.7배)
- 인구 : 271만 1천 명   인구밀도 : 41.5명/km²
- 언어 : 리투아니아어(공용어), 러시아어, 폴란드어
- 종교 : 기독교 등
- 주요 특산품 : 밀가루, 석유제품, 가구 등

우리나라처럼 연-월-일로 날짜를 표기

발트해 동쪽 연안의 발트 3국 중 가장 남쪽에 위치해 있어요. 숲으로 둘러싸여 있으며 약 4000여 개의 호수가 있어요. 폴란드와 관계가 깊어요. 유럽 나라들은 대개 일-월-연 방식으로 날짜를 표기하지만 리투아니아는 우리나라처럼 연-월-일로 날짜를 표기해요.

북유럽	
에스토니아 〔에스토니아 공화국〕	

- 수도 : 탈린   통화 : 유로
- 면적 : 4만 5228km²(한국의 약 0.5배)
- 인구 : 122만 명   인구밀도 : 26.9명/km²
- 언어 : 에스토니아어(공용어), 러시아어 등
- 종교 : 기독교 등
- 주요 특산품 : 술, 목재, 기계류 등

인터넷으로 선거 투표를 실시

발트 3국의 가장 북쪽에 위치해 있어요. 핀란드만과 접해 있으며 1500개가 넘는 섬들이 존재해요. IT 선진국이며, 인터넷 무료 전화 소프트웨어인 'Skype'가 개발된 나라로 유명해요. 2005년부터 온라인 투표 선거가 실시되고 있어요.

북유럽	
라트비아 〔라트비아 공화국〕	

- 수도 : 리가   통화 : 유로
- 면적 : 6만 4589km²(한국의 약 0.6배)
- 인구 : 186만 2천 명   인구밀도 : 28.8명/km²
- 언어 : 라트비아어(공용어), 러시아어 등
- 종교 : 기독교 등
- 주요 특산품 : 호밀, 목재, 통신기기 등

발트의 귀부인이라고 칭송받는 아름다운 리가 거리

발트 3국의 한가운데에 위치한 나라. 수도 리가는 13세기 독일 한자동맹 시대부터 유럽과 러시아의 무역 거점으로서 자리매김한 항구도시로, 발트 3국 안에서 가장 큰 도시예요. 중세 독일의 아름다운 건물이 지금도 남아 있으며, 해외 관광객 유치에 힘을 쏟고 있어요. 기념품으로 전통 무늬로 장식된 수제 벙어리장갑이 인기 있어요.

북유럽	
아이슬란드 〔아이슬란드 공화국〕	

- 수도 : 레이캬비크   통화 : 아이슬란드 크로나
- 면적 : 10만 3000km²(한국과 비슷)
- 인구 : 35만 4천 명   인구밀도 : 3.4명/km²
- 언어 : 아이슬란드어(공용어), 영어 등
- 종교 : 기독교 등
- 주요 특산품 : 청어, 대구, 알루미늄 등

지구의 에너지를 체감할 수 있는 불의 섬

북극 가까이에 있는, 세계에서 가장 북쪽에 있는 섬나라예요. 화산이 많아 온천도 많이 있어요. 수력에너지, 지열에너지를 활용해 전기를 만들어서 난방과 물고기 양식 등 여러 가지로 유용하게 사용하고 있어요. 또한 성평등 국가로서 12년 연속 세계 1위의 자리를 지키고 있어요(2010~2021년). 2018년에는 남녀의 임금 차이를 위법으로 하는 법률을 제정했어요.

남유럽
이탈리아

[이탈리아 공화국]

수도 : 로마
통화 : 유로
면적 : 30만 1340km²(한국의 약 3배)
인구 : 6239만 명
인구밀도 : 207명/km²
언어 : 이탈리아어(공용어), 독일어, 프랑스어 등
종교 : 기독교 등
주요 특산품 : 올리브, 포도, 와인, 기계류, 자동차 등
주요 무역국 : 독일, 프랑스, 미국, 스페인 등

디즈니의 『정글북』 속 주인공 모글리 같네!

이탈리아늑대
늑대의 보살핌 속에 자란 쌍둥이 형제가 로마를 건국했다고 하는 전설이 있어요.

미술, 예술, 차, 패션……, 다양한 문화, 예술의 중심지

지중해에 볼록 튀어나와 있는 이탈리아반도와 시칠리아섬, 사르데냐섬 등으로 이루어진 화산과 온천이 많은 나라예요. 고대 유럽에서 가장 거대했던 로마제국의 중심지로서 번성했었으나, 중세로 넘어가며 다수의 소국으로 분열하여 19세기에 현재와 같은 모습을 띠게 되었어요.

북부는 오래 전부터 제조업이 발달하였으며, 지금도 자동차와 패션 등이 세계적으로도 우수해요. 남부는 아름다운 풍경 덕분에 관광객들에게 인기가 많아요. 이탈리아는 역사적 건축물과 미술품 등 세계문화유산이 세계에서 가장 많은 나라이며, 먹는 것을 매우 좋아하여 피자와 파스타 등의 요리가 만들어졌어요. 이러한 이탈리아 요리들은 세계적으로도 인기가 많답니다.

● **국기의 의미** : 녹색은 풍족한 토지와 자유, 흰색은 알프스의 눈과 평화, 빨간색은 조국에 대한 열정과 우애를 나타내요.

● **이 점이 대단해요!** : '축구에 대한 애정'이 가득한 나라. 프로리그 '세리에 A'에는 세계 최고봉의 선수들이 모여들어요!

1분 만에 싹 알아보는 이탈리아

베네치아 거리
동서 무역의 중계지로서 성장한 '물의 도시'. 150개 이상의 운하를 곤돌라나 수상버스를 타고 이동할 수 있어요.

나폴리 피자
피자의 발상지 나폴리. 피자 생지를 손으로 돌려서 펼친 후 화덕에서 구우면 가장자리가 부풀어요. 나폴리 피자 장인의 기술은 2017년에 세계무형문화유산에 등재되었어요.

이탈리아는 오페라가 탄생한 나라. 밀라노에 있는 세계적으로 유명한 국립 오페라 극장은?
ⓐ 오데온 극장
ⓑ 오페라 극장
ⓒ 스칼라 극장

피사의 사탑
두오모 광장의 대성당 옆에 있는 건축물. 만들던 중에 기울기 시작했으며, 완공된 때는 건축을 시작한 지 약 200년 후인 14세기예요. 높이는 원래 계획의 절반인 55.86m로 완공되었으며 탑 꼭대기까지 계단으로 올라가는 것이 가능해요.

유럽 / 이탈리아

● **한국과의 관계**: 지리적으로 우리나라와 많이 닮았어요. 반도 국가이면서, 모양도 비슷하고 북쪽부터 남쪽까지 큰 산맥이 지나가는 점도 비슷해요.

● **놀랄 만한 이야기!**: 나폴리 교외의 세계문화유산 '폼페이 유적'에서는 1세기에 화산 분화로 인해 묻혀 버린 사람들의 모습을 볼 수 있어요.

퀴즈의 정답: ⓒ 스칼라 극장. 1778년에 창립되었으며, 푸치니의 오페라 『나비 부인』, 『투란도트』 등이 처음으로 상연되었어요.

남유럽
스페인
[스페인 왕국]

- **수도** : 마드리드
- **통화** : 유로
- **면적** : 50만 5370km² (한국의 약 5배)
- **인구** : 4726만 명
- **인구밀도** : 93.5명/km²
- **언어** : 스페인어(공용어) 등
- **종교** : 기독교 등
- **주요 특산품** : 올리브①, 포도, 와인, 돼지고기, 자동차 등
- **주요 무역국** : 프랑스, 독일, 이탈리아 등

관객은 투우사의 움직임에 맞춰 "오레!"라고 소리를 질러요.

투우
용감한 소와 싸우는 투우사의 모습에 관객들이 환호해요!

▍따듯한 기후, 플라멩코와 투우로 알려진 태양과 정열의 나라

지중해와 대서양에 접해 있는 이베리아반도에 위치하며, 17개의 자치주로 이루어져 있어요. 그 안에서도 바르셀로나를 주도로 하는 카탈루냐 주는 독자적인 언어와 역사를 가지고 있어, 독립 문제가 국제화되고 있답니다.

남부는 1년 내내 따뜻하며 발렌시아 주의 오렌지, 안달루시아 주의 올리브 등이 유명해요. 또한 자동차 산업 중심의 제조업이 발달해 있어요.

기독교 중심의 나라이지만 이슬람 왕국에 지배되었던 시기가 길어 두 종교가 서로 조화된 문화를 볼 수 있어요. 피카소, 달리, 가우디 등 세계적인 예술가들이 태어난 나라이기도 해요.

- ● **국기의 의미** : 황금색은 국토, 빨간색은 국민의 피, 마크는 이베리아반도에 존재했던 다섯 개 왕국의 문장을 조합한 거예요.
- ● **이 점이 대단해요!** : 축구 프로리그 '라 리가'의 레알 마드리드-FC바르셀로나 경기는 전 세계에서 6억 명이 관람했을 정도로 인기 있는 프로축구 라이벌 경기예요.

1분 만에 싹 알아보는 스페인

사그라다 파밀리아 성당
바르셀로나에 세워진 성가족성당. 건축가 안토니 가우디가 설계해서 1882년부터 만들기 시작했지만, 140년이 지난 지금도 완성하지 못했어요.

플라멩코
세비야, 그라나다 등 안달루시아 주에 전해지는 음악 장르. 춤, 노래, 기타로 인생의 기쁨과 슬픔을 정열적으로 표현해요. 현란한 스텝으로 구두 소리를 내며 춤추는 것이 특징이에요.

알람브라 궁전
옛 도읍이었던 그라나다의 언덕 위에 세워진 이슬람 왕국의 전 왕궁. '붉은 성'이라는 뜻이에요. 1492년에 기독교인 스페인 왕 부부에 의해 그라나다가 함락당한 후에도, 이 궁전은 개축과 증축이 계속 이루어졌어요.

스페인의 긴 점심시간을 뭐라고 할까?
ⓐ 이니에스타
ⓑ 시에스타
ⓒ 부에나스

유럽 / 스페인

● **한국과의 관계**: 한일 월드컵에서 우리나라는 스페인을 꺾고 4강에 진출했어요.
● **놀랄 만한 이야기!**: 마요네즈의 발상지가 있는데 바로 마요르카섬 가까이에 있는 메노르카섬이에요. 이 섬에서 프랑스로 전해졌대요.

퀴즈의 정답: ⓑ 시에스타. 스페인에서는 기온이 높아지는 오후 1시부터 2~3시간에 걸쳐 점심을 먹고 휴식을 취해요.

남유럽

포르투갈

〔포르투갈 공화국〕

대항해시대의 해양제국
15세기에 처음으로 세계 항해에 나선 국가예요. 세계 최초의 세계 일주자인 페르난드 드 마젤란이 대항해시대의 포르투갈 사람이에요. 따뜻한 기후로 올리브와 포도 재배가 활발하며, 대구와 정어리 등 생선 요리를 즐겨 먹어요.

- 수도 : 리스본
- 통화 : 유로
- 면적 : 9만 2090km²
- 인구 : 1026만 3천 명
- 인구밀도 : 111.4명/km²
- 언어 : 포르투갈어(공용어)
- 종교 : 기독교 등
- 주요 특산품 : 올리브, 코르크, 와인, 자동차 등

슬로베니아
〔슬로베니아 공화국〕

광활한 석회동굴이 관광자원
알프스산맥의 동쪽 끝에 위치한 산악 국가. 일부가 아드리아해에 접해 있어요. 남부에는 카르스트 지형이 펼쳐져 있으며, 석회동굴인 포스토이나 동굴의 총길이는 20km가 넘어요. 인기 스포츠는 스키이며, 스키 강국이기도 해요.

- 수도 : 류블랴나
- 통화 : 유로
- 면적 : 2만 273km²
- 인구 : 210만 2천 명
- 인구밀도 : 103.6명/km²
- 언어 : 슬로베니아어(공용어) 등
- 종교 : 기독교 등
- 주요 특산품 : 홉, 기계류, 자동차 등

그리스

〔그리스 공화국〕

올림픽이 탄생한 나라
발칸반도 육지 일부와 에게해의 섬들로 이루어져 있으며, 올리브와 포도 재배가 활발해요. 그리스 문명은 유럽 문화의 토대가 되었어요. 로마 제국의 지배를 받기 전의 고대문명 유적들이 무수히 많이 남아 있어요.

- 수도 : 아테네
- 통화 : 유로
- 면적 : 13만 1957km²
- 인구 : 1056만 9천 명
- 인구밀도 : 90명/km²
- 언어 : 그리스어(공용어)
- 종교 : 기독교
- 주요 특산품 : 올리브, 포도, 선박 등

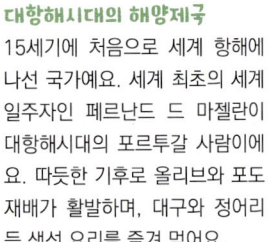

세르비아

〔세르비아 공화국〕

문화유산이 많이 남아 있는 나라
구 유고슬라비아의 중심지. 2006년에 몬테네그로가 독립하고 코소보 자치주도 2008년에 분리 독립했어요. 주변의 나라들과 함께 선사시대부터 사람이 살았음을 보여 주는 유적이 많이 남아 있어요.

- 수도 : 베오그라드
- 통화 : 세르비아 디나르
- 면적 : 7만 7474km²
- 인구 : 697만 4천 명
- 인구밀도 : 90명/km²
- 언어 : 세르비아어(공용어), 헝가리어 등
- 종교 : 기독교 등
- 주요 특산품 : 라즈베리, 석탄, 천연가스, 타이어 등

크로아티아

〔크로아티아 공화국〕

거대한 비치 리조트
아드리아해에 접해 있으며 1000개가 넘는 작은 섬들이 있어요. 자연환경이 아름답고 온천도 많이 있어요. 주요 산업으로 관광업과 조선업, 참다랑어 양식이 활발해요.

- 수도 : 자그레브
- 통화 : 유로(구 쿠나)
- 면적 : 5만 6594km²
- 인구 : 420만 8천 명
- 인구밀도 : 74.3명/km²
- 언어 : 크로아티아어(공용어)
- 종교 : 기독교
- 주요 특산품 : 맥주, 참치, 의약품, 선박 등

보스니아 헤르체고비나

〔보스니아 헤르체고비나〕

내전에서 회복되고 있어요
1992년에 구 유고슬라비아로부터 독립한 후, 1995년까지 내전이 계속되었어요. 수도 사라예보를 비롯한 각지에 오스만제국 지배 시절의 유적이 남아 있어요. 내륙국 같지만 아주 짧은 거리가 해안과 맞닿아 있어요.

- 수도 : 사라예보
- 통화 : 태환 마르카
- 면적 : 5만 1197km²
- 인구 : 382만 4천 명
- 인구밀도 : 74.6명/km²
- 언어 : 보스니아어, 세르비아어, 크로아티아어(전부 공용어)
- 종교 : 이슬람교, 기독교 등
- 주요 특산품 : 목재, 철광석, 목제품, 가죽신발 등

남유럽
알바니아
〔알바니아 공화국〕

수도에는 민족 영웅의 조각상이!
선조는 발칸반도의 원주민인 고대 일리리아인이에요. 독수리의 자손 이라는 전설이 있으며, 국기에도 독수리가 그려져 있어요.

- 수도 : 티라나
- 통화 : 레크
- 면적 : 2만 8748km²
- 인구 : 308만 8천 명
- 인구밀도 : 107.4명/km²
- 언어 : 알바니아어(공용어) 등

남유럽
몬테네그로

나라의 이름은 '검은 산'이라는 뜻
2006년에 세르비아로부터 독립 했어요. 국토의 대부분이 산지로, 세계자연유산 '두르미토르 국립공 원'은 유럽에서도 손꼽히는 비경 이에요.

- 수도 : 포드고리차
- 통화 : 유로
- 면적 : 1만 3812km²
- 인구 : 60만 7천 명
- 인구밀도 : 43.9명/km²
- 언어 : 르비아어, 몬테네그로 어(둘 다 공용어)

남유럽
몰타
〔몰타 공화국〕

지중해의 중계지
몰타섬의 구시가지, 고조섬의 거 석신전 등의 세계문화유산이 있어 요. 소형견 말티즈는 몰타섬에서 생겨난 견종이에요.

- 수도 : 발레타
- 통화 : 유로
- 면적 : 316km²
- 인구 : 46만 명
- 인구밀도 : 1455.6명/km²
- 언어 : 몰타어, 영어(둘 다 공용어)

남유럽
안도라
〔안도라 공국〕

피레네산맥에 위치한 소국
프랑스와 스페인의 국경에 위치해 있어요. 스키 휴양지로 잘 알려져 있어 많은 관광객들이 방문하는 관광 국가예요.

- 수도 : 안도라라베야
- 통화 : 유로
- 면적 : 468km²
- 인구 : 8만 5천 명
- 인구밀도 : 181.6명/km²
- 언어 : 카탈루냐어(공용어) 등

남유럽
북마케도니아
〔북마케도니아 공화국〕

2019년, 국가 이름 변경!
독립은 1991년(마케도니아 공화 국)에 했어요. 성인 마더 테레사가 태어난 나라이기도 해요.

- 수도 : 스코페
- 통화 : 북마케도니아 데나르
- 면적 : 2만 5713km²
- 인구 : 212만 8천 명
- 인구밀도 : 82.7명/km²
- 언어 : 마케도니아어, 알바니 아어(둘 다 공용어)

남유럽
산마리노
〔산마리노 공화국〕

이탈리아 안에 있는 소국
세계에서 다섯 번째로 작은 나라 예요. 관광업이 국가의 수입원이 며, 정부가 발행하는 우표와 코인 도 인기가 많아요.

- 수도 : 산마리노
- 통화 : 유로
- 면적 : 61km²
- 인구 : 3만 4천 명
- 인구밀도 : 557.3명/km²
- 언어 : 이탈리아어(공용어) 등

남유럽
코소보
〔코소보공화국〕

민족분쟁 끝에 독립
세르비아의 자치주였으며 2008 년에 세르비아로부터 독립했어요. 경제는 불안정하지만 풍부한 광물 자원이 존재해 미래가 기대돼요.

- 수도 : 프리슈티나
- 통화 : 유로
- 면적 : 1만 887km²
- 인구 : 193만 5천 명
- 인구밀도 : 177.7명/km²
- 언어 : 알바니아어, 세르비아 어(둘 다 공용어) 등

남유럽
바티칸 시국
국가연합 비가맹

세계에서 가장 작은 나라
이탈리아의 수도 로마 안에 있어 요. 기독교 가톨릭교회의 본거지 예요. 국민의 대부분이 성직자이 며, 나라 전체가 세계문화유산이 에요.

- 수도 : 없음(도시국가)
- 통화 : 유로
- 면적 : 0.44km²(세계 최소) 👑
- 인구 : 800명 정도
- 인구밀도 : 1818.1명/km²
- 언어 : 라틴어(공용어), 이탈리아어 등

동유럽
러시아
[러시아 연방]

- **수도** : 모스크바
- **통화** : 루블
- 👑 **면적** : 1709만 8242km²(한국의 약 171배) (세계 1위)
- **인구** : 1억 4232만 명
- **인구밀도** : 8.3명/km²
- **언어** : 러시아어(공용어) 등
- **종교** : 기독교, 이슬람교 등
- **주요 특산품** : 보리①, 사탕무①, 석유, 천연가스, 다이아몬드① 등
- **주요 무역국** : 중국, 독일, 벨라루스, 네덜란드 등

> 러시아인은 '메드베지'(꿀을 먹는 자)라고도 불려요!

불곰
거대한 풍채와 강력한 힘을 가진, 러시아를 상징하는 동물이에요.

유럽과 아시아에 걸쳐 있는 세계에서 가장 큰 자원 대국

유라시아 대륙의 북반구에 위치하고 있는 대국. 나라가 좌우로 길며, 나라 내의 시차가 최대 10시간이나 차이 나요. 국토의 대부분은 냉대(아한대) 기후예요. 우랄산맥 동쪽의 시베리아(북아시아)는 소나무로 이루어진 침엽수림이 펼쳐져 있으며 타이가라고 불려요. 석유와 천연가스 등의 자원이 풍부하며, 광대한 토지를 이용해 재배한 보리와 밀가루를 수출하고 있어요. 국토가 매우 넓어 한반도의 동쪽 끝과도 살짝 맞닿아 있는데, 이곳의 도시는 블라디보스토크라는 도시예요. 스포츠 왕국이기도 해서 리듬체조와 피겨스케이팅 등 여러 스포츠의 국제대회에서 활약하고 있어요.

- **국기의 의미** : 흰색은 고귀함과 자유, 파란색은 명예와 깨끗함, 빨간색은 사랑과 용기를 의미해요. 이 세 가지 색깔은 슬라브족의 색이라고 불려요.
- **이 점이 대단해요!** : 땅속이 항상 얼어 있는 영구동토 지대가 광활하게 펼쳐져 있어, 맘모스 화석이 거의 원형으로 발견되었어요!

1분 만에 싹 알아보는 러시아

시베리아 철도
동쪽 끝의 블라디보스토크에서 서쪽 끝에 있는 수도 모스크바까지 7일간에 걸쳐 횡단하는, 전체 길이 9288km의 세계에서 가장 긴 철도예요. 1916년에 전 노선이 개통되어 100년 넘게 운영되고 있어요.

마트료시카 인형
러시아의 대표적인 공예품. 러시아 시골에서 흔히 붙이는 여자아이 이름에서 유래했어요. 아이가 많은 대가족, 풍요의 상징으로서 사랑받고 있어요.

인류 최초로 지구를 밖에서 본 러시아인 우주비행사 가가린의 명언은 무엇일까?

ⓐ 지구는 푸르렀습니다.
ⓑ 인류는 빛났습니다.
ⓒ 지구는 얼마나 아름다운가.

유럽 / 러시아

볼쇼이 서커스
볼쇼이는 러시아어로 '크다'라는 의미예요. 모스크바 국립 서커스단은 4000명 이상의 단원과 6000명 이상의 동물들이 있어 그야말로 세계 최대 규모의 서커스단이에요. 서커스를 하는 곰은 특히 인기가 많아요.

크렘린 궁전과 붉은 광장
크렘린 궁전은 과거 러시아제국 시대부터 존재했던 궁전으로, 지금도 정치의 중심지예요. 궁전의 정면이 붉은 광장이며, 여기에 세워진 성 바실리 대성당의 알록달록한 양파 형태의 돔들이 사람들의 눈길을 끌어요.

● **한국과의 관계** : 일제강점기에 많은 사람들이 러시아 및 중앙아시아로 이주를 당했어요. 이러한 한국인들을 '고려인'이라고 불러요.

● **놀랄 만한 이야기!** : 바이칼호는 세계자연유산이에요. 깊이는 1741m이며 저수량은 약 2만 4000km^{3}로 세계에서 제일 높은 수치예요.

※ 칼리닌그라드 : 발트해 연안의 리투아니아와 폴란드 사이에 있는 영토

퀴즈의 정답: ⓐ 지구는 푸르렀습니다. 1961년에 인류 최초의 우주비행을 성공했어요. 108분간 지구 주위 궤도를 한 바퀴 돌았어요.

동유럽
폴란드
[폴란드 공화국]

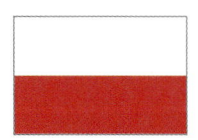

- 수도 : 바르샤바
- 통화 : 즈워티
- 면적 : 31만 2685km² (한국의 약 3.1배)
- 인구 : 3818만 5천 명
- 인구밀도 : 122.1명/km²
- 언어 : 폴란드어(공용어), 독일어 등
- 종교 : 기독교 등
- 주요 특산품 : 호밀, 감자, 사과, 자동차 등
- 주요 무역국 : 독일, 이탈리아, 중국 등

포메라니안
포메라니아 지역에서 소형화된 견종. 영국의 빅토리아 여왕이 정말 좋아했어요.

평원의 주위에 원시림이 남아 있으며, 아름다운 거리 풍경을 되찾은 나라

발트해에 접해 있으며, 동유럽의 서쪽에 위치한 나라예요. 국토의 대부분이 평원으로, 호밀, 감자 등을 활발하게 재배하고 있어요. 최근에는 해외의 자동차 관련 기업 등이 들어와 공업이 발전하고 있어요.

주변의 러시아와 프로이센(현 독일) 등의 강대국에 침략당한 아픈 기억이 많은 나라로, 제2차 세계대전 때는 나치 독일에 의해 아우슈비츠의 강제수용소에서 100만 명 이상의 사람들이 죽었어요. 이런 슬픈 역사를 가진, 전쟁으로 잃어버렸던 수도 바르샤바의 옛 거리를 복원한 역사지구와 옛 도읍 크라쿠프가 세계문화유산으로 등재되어 있답니다.

● **국기의 의미** : 빨간색과 흰색은 저녁 하늘을 나는 흰 독수리의 건국 전설에서 유래했어요. 흰색은 공화국의 존엄, 빨간색은 독립을 위해 흘린 피를 나타내기도 해요.

● **이 점이 대단해요!** : 우리나라에서도 인기 만점인 베이글은 폴란드 남부의 옛 도읍 크라쿠프에서 처음 만들어졌어요.

퀴즈의 정답 : ⓑ 2번. 1903년에 노벨 물리학상, 1911년에 노벨 화학상을 수상했어요. 여성 최초 수상자이며, 두 번을 받은 것도 역사상 최초였어요!

동유럽
체코

〔체코 공화국〕

- **수도** : 프라하
- **통화** : 체코 코루나
- **면적** : 7만 8867km²(한국의 약 0.8배)
- **인구** : 1070만 2천 명
- **인구밀도** : 135.6명/km²
- **언어** : 체코어(공용어), 슬로바키아어
- **종교** : 기독교
- **주요 특산품** : 홉, 맥주, 유리공예, 기계류 등

인형극 전용 극장이 전국에 있어요

1993년에 슬로바키아(86p)와 분리되며 생긴 나라. 높은 산은 없고 평지만 펼쳐져 있어요. 수도 프라하는 14세기의 거리 풍경이 남아 있어, '중세의 보석'으로 불려요. 체코어를 지키고 민족의 정체성을 살렸던 인형극이 유명해서 전국에서 인형극이 성행하고 있어요. 전통공예품인 보헤미아 유리가 유명해요.

동유럽
헝가리

- **수도** : 부다페스트
- **통화** : 헝가리 포린트
- **면적** : 9만 3028km²(한국과 비슷)
- **인구** : 972만 8천 명
- **인구밀도** : 104.5명/km²
- **언어** : 헝가리어(공용어), 영어, 독일어 등
- **종교** : 기독교 등
- **주요 특산품** : 옥수수, 파프리카, 기계류 등

아시아의 기마민족이 조상

동유럽의 한가운데에 위치한 나라. 아시아의 기마민족이 조상이며, 주변의 나라들과는 언어와 문화가 달라서 아시아의 분위기를 느낄 수 있어요. 수도 부다페스트를 비롯한 각 지역에 1300여 개의 온천이 있어요. 국토의 절반 이상이 농지로 옥수수와 밀, 파프리카 등을 재배하고 있어요.

동유럽
우크라이나

- **수도** : 키이우
- **통화** : 흐리우냐
- **면적** : 60만 3550km²(한국의 약 6배)
- **인구** : 4374만 5천 명
- **인구밀도** : 72.4명/km²
- **언어** : 우크라이나어(공용어), 러시아어 등
- **종교** : 기독교
- **주요 특산품** : 밀가루, 옥수수, 감자, 해바라기①, 철광석 등

비옥한 흑토가 펼쳐진 농업국가

넓은 국토의 3분의 2가 농지로, 옥수수와 기름을 얻기 위한 해바라기 등을 재배하고 있어요. 소련(현 러시아)의 구성국이었던 1986년에 체르노빌 원자력 발전소 사고가 일어나, 그 처리에 대한 문제가 아직까지도 해결되지 않았어요. 코사크 댄스는 우크라이나의 전통 무용이에요.

동유럽
루마니아

- **수도** : 부쿠레슈티
- **통화** : 루마니아 레우
- **면적** : 23만 8391km²(한국의 약 2.4배)
- **인구** : 2123만 명
- **인구밀도** : 89명/km²
- **언어** : 루마니아어(공용어), 헝가리어 등
- **종교** : 기독교
- **주요 특산품** : 옥수수, 기계류, 자동차 등

흡혈귀 드라큘라 전설에 등장하는 브란성이 있어요!

동쪽은 흑해와 접해 있고, 남쪽은 불가리아와 국경을 사이에 두고 도나우강이 흐르고 있어요. 도나우강 하구에 생긴 광활한 삼각주에는 신기로운 동식물이 살고 있으며, 철새가 왕래하기도 하는 세계자연유산이에요. 천연가스와 구리 등의 자원도 많이 존재하고 핸드볼의 강국이에요.

동유럽
슬로바키아
〔슬로바키아 공화국〕

- 수도 : 브라티슬라바
- 통화 : 유로
- 면적 : 4만 9035km²(한국의 약 0.5배)
- 인구 : 543만 6천 명
- 인구밀도 : 110.8명/km²
- 언어 : 슬로바키아어(공용어), 헝가리어 등
- 종교 : 기독교
- 주요 특산품 : 마그네슘, 자동차, 전자기기 등

자연 애호가들이 좋아하는 산악 휴양지

1993년에 체코(85p)와 분리되며 생긴 나라. 카누 경기가 자주 열리는 도나우강 부근의 수도 브라티슬라바를 제외하면, 국토 대부분이 산악지대예요. 북쪽 폴란드와의 국경에 우뚝 솟은 타트라산맥에는 중세의 모습 그대로를 유지하고 있는 산악민족의 성과 교회가 남아 있으며, 타트라산맥이라는 단어는 슬로바키아의 국가에도 등장해요.

동유럽
벨라루스
〔벨라루스 공화국〕

- 수도 : 민스크
- 통화 : 벨라루스 루블
- 면적 : 20만 7600km²(한국의 약 2배)
- 인구 : 944만 1천 명
- 인구밀도 : 45.4명/km²
- 언어 : 러시아어, 벨라루스어(둘 다 공용어) 등
- 종교 : 기독교
- 주요 특산품 : 호밀, 아마, 석유제품, 가전제품 등

숲과 호수가 많은, 자연이 잘 보존되어 있는 나라

국토의 대부분이 저지대이며 4000여 개의 호수와 늪이 있어요. 서부에는 폴란드에 걸쳐 있는 유럽 최대의 원시림이 있으며, 몸길이가 3m나 되는 유럽들소가 살고 있어요. 감자 팬케이크 '드라니끼'가 국민 음식으로, 감자 소비량은 세계 평균의 5배예요.

동유럽
불가리아
〔불가리아 공화국〕

- 수도 : 소피아
- 통화 : 레프
- 면적 : 11만 879km²(한국의 약 1.2배)
- 인구 : 691만 9천 명
- 인구밀도 : 62.4명/km²
- 언어 : 불가리아어(공용어), 튀르키예어 등
- 종교 : 기독교 등
- 주요 특산품 : 밀가루, 해바라기, 로즈 오일, 기계류 등

흑해에 접해 있는 장미와 요구르트의 나라

동쪽이 흑해에 접해 있으며, 북쪽 루마니아와의 국경에는 도나우강이 흐르고 있어요. 장미 향 '로즈 오일'의 세계 최대 생산지로, 장미 관련 제품들이 만들어지고 있어요. 또한 요구르트의 생산·소비국으로도 유명해서 요구르트를 사용한 가정식이 많아요.

동유럽
몰도바
〔몰도바 공화국〕

- 수도 : 키시네프
- 통화 : 몰도바 레우
- 면적 : 3만 3851km²(한국의 약 0.3배)
- 인구 : 332만 3천 명
- 인구밀도 : 98.1명/km²
- 언어 : 몰도바어, 루마니아어(둘 다 공용어)
- 종교 : 기독교 등
- 주요 특산품 : 포도, 해바라기, 와인 등

5000년 전부터 이어져 온 와인의 나라

우크라이나와 루마니아 사이에 껴 있는 내륙국. 주요 산업은 농업이에요. 완만한 언덕이 많은 토지는 포도 재배에 적합해서 와인을 좋아하는 사람이면 아는 고급 와인의 생산국이에요. 10월에는 나라 전체에서 와인 축제가 열려요. 해바라기가 잘 자라고 종자의 생산량도 많아 종자가 중요한 수출품 중 하나예요.

4장
아프리카

아프리카

아프리카 대륙의 북쪽은 지중해, 동쪽은 인도양, 서쪽은 대서양으로 둘러싸여 있으며, 지구의 전체 육지 중 약 5분의 1을 차지해요. 과거에는 유럽 국가들에 의해 지배당했지만, 현재는 대부분의 나라들이 독립했어요. 사하라 사막을 기준으로 북쪽과 남쪽은 문화가 크게 달라요.

유럽의 지배가 끝났다! '아프리카의 해'

15세기에 포르투갈이 아프리카 대륙에 진출한 이후, 유럽의 여러 나라들은 아프리카를 식민지로서 지배했어요. 아프리카의 사람들을 노예로 잡아 유럽이나 미국 대륙으로 보냈답니다. 19세기에 노예제도는 폐지되었지만, 풍부한 자원을 원하던 유럽의 식민지 지배는 20세기 중반까지 이어졌어요.

하지만 제2차 세계대전이 끝난 후, 아프리카에서도 독립운동이 활발해지며 1960년에는 17개의 나라가 독립했어요. 그 해를 '아프리카의 해'라고 부르고 있답니다.

동아프리카

아프리카 대륙의 동쪽과 인도양의 섬들로 이루어진 지역이에요. 사바나가 넓게 펼쳐져 있으며, 킬리만자로산, 빅토리아호 등이 있어요.

북아프리카

사하라 사막의 북쪽에 있는 지역이에요. 지중해 연안 지역은 온난하며 농업이 활발해요. 아라비아에서 온 교류가 많아요.

인류의 조상은 아프리카에서 탄생했다는 것 알고 있나요?

지브롤티 해협

튀니지 94p
알제리 94p
모로코 94p

지중해
사하라 사막

아프리카 — 이집트

북아프리카
이집트
[이집트 아랍 공화국]

수도 : 카이로
통화 : 이집트 파운드
면적 : 1000만 1450km²(한국의 약 100배)
인구 : 1억 643만 7천 명
인구밀도 : 106.3명/km²
언어 : 아랍어, 영어, 프랑스어(전부 공용어)
종교 : 이슬람교 등
주요 특산품 : 대추야자①, 오렌지 종류, 면화, 천연가스 등
주요 무역국 : 미국, 중국, 사우디아라비아, 튀르키예, 러시아 등

이집트 요리로 유명한 새 요리는?
ⓐ 꿩 요리
ⓑ 비둘기 요리
ⓒ 타조 요리

스핑크스
사람의 머리에 사자의 몸을 가진 형태예요.
기자 지역의 3대 피라미드를 지키고 있는 것 같아요.

이집트문명이 탄생한 땅. 나일강 유역에 고대 유적들이 흩어져 있어요

아프리카 대륙의 북동쪽에 위치한 나라. 북쪽은 지중해, 동쪽은 홍해와 접해 있으며, 수에즈 운하가 흐르고 있어요. 국토의 90%가 사막이지만 세계에서 가장 긴 강인 나일강 유역에는 비옥한 토양이 펼쳐져 있어, 약 5000년 전에 고대 이집트문명이 탄생했어요.

나일강 유역은 태양신 라를 섬기는 아부심벨 신전, 투탕카멘의 무덤이 있는 왕가의 계곡, 수도 카이로 근교 기자지역의 3대 피라미드 등 세계 문화유산이 곳곳에 존재하고 있는 인기 관광지예요. 이집트는 현재도 아프리카를 선도하는 정치·경제 대국이랍니다.

● **국기의 의미** : 빨간색은 혁명으로 흐르는 피, 흰색은 나라의 밝은 미래, 검은색은 식민지 시대의 끝, 금색 독수리는 국가의 상징이에요.

● **이 점이 대단해요!** : 유럽과 아시아를 잇는 수에즈 운하의 통행료는 나라의 큰 수입원! 연간 2만여 척의 배들이 지나가요.

퀴즈의 정답: ⓑ 비둘기 요리. 비둘기 배 속에 볶은 쌀을 넣어 구운 요리가 인기. 비둘기는 고급 식재료예요.

동아프리카
케냐
[케냐 공화국]

세계문화유산인 '라무 옛 시가지'에서 과거부터 사용되던 이동 수단은?
ⓐ 누
ⓑ 낙타
ⓒ 당나귀

야생동물과 마사이족
원주민인 마사이족은 뛰어난 시력과 엄청난 점프력으로 유명해요.

아프리카 케냐

수도 : 나이로비
통화 : 케냐 실링
면적 : 58만 367km² (한국의 약 5.8배)
인구 : 5468만 5천 명
인구밀도 : 94.2명/km²
언어 : 영어, 스와힐리어(둘 다 공용어) 등
종교 : 기독교, 이슬람교 등
주요 특산품 : 커피콩, 차, 장미꽃, 낙타, 티탄석 등
주요 무역국 : 중국, 아랍에미리트, 우간다, 인도 등

적도 바로 아래에 있는 야생동물의 왕국. 국민들이 느긋한 성격을 가지고 있어요

아프리카 동부에 위치하며 나라의 중앙 부근에 적도가 지나가고 있어요. 국토의 대부분이 해발 1000m가 넘는 고원으로 이루어져 있으며, 홍차와 커피콩, 장미꽃 등을 생산해요.

수도 나이로비에는 빌딩이 늘어서 있으며, 430만 명 이상이 살고 있는 대도시예요. 하지만 차로 10분 정도 나가면 마사이마라 국립 보호구역이 있으며, 기린과 얼룩말 등이 한가로이 지내고 있답니다. 국가가 나서서 이러한 야생동물들을 지키고 있어요. 사람들의 성격도 느긋하며, '서두르지 말고 느긋하게', '천천히 가자' 등의 의미를 담고 있는 '폴레폴레'라는 말을 자주 사용하고 있어요.

● **국기의 의미** : 검은색은 국민, 빨간색은 투쟁으로 인한 피, 녹색은 대지, 흰색은 평화, 마사이족의 방패와 창은 자유의 수호를 나타내요.

● **이 점이 대단해요!** : 케냐는 하계 올림픽 시상대 단골 국가. 육상 장거리 금메달만 30개 이상 획득했어요!(2021년 기준)

퀴즈의 정답: ⓒ 당나귀. 이슬람 상인과의 교역으로 인해 원주민 문화와 이슬람 문화가 융합된 고대 스와힐리 문화가 남아 있어요.

서아프리카
나이지리아
[나이지리아 연방 공화국]

수도 : 아부자
통화 : 나이라
면적 : 92만 3768km²(한국의 약 9.2배)
인구 : 2억 1946만 3천 명
인구밀도 : 237.6명/km²
언어 : 영어(공용어), 그 외 민족어
종교 : 이슬람교, 기독교 등
주요 특산품 : 땅콩, 마①, 토란①, 석유, 천연가스 등
주요 무역국 : 중국, 네덜란드, 인도, 미국, 스페인 등

영화산업이 할리우드만큼이나 활발하다는 점에서 만들어진 별명은?
ⓐ 나이우드
ⓑ 지리우드
ⓒ 놀리우드

전기메기
나이지리아에서 가장 많이 먹고 있는 물고기는 메기 종류예요. 전기메기는 애완동물로도 수출되고 있어요.

아프리카에서 인구가 가장 많아요!
세계 6위의 인구수를 자랑하는 다민족 국가

아프리카의 중서부에 위치해 있으며, 남부는 대서양의 기니만과 접해 있어요. 국명은 '나이저강 유역의 나라'라는 의미예요. 다민족 국가로 인구가 많아 '아프리카의 거인'이라고도 불려요.

1960년에 영국으로부터 독립했지만, 민족 간의 대립이 계속되어 현재도 불안정한 상황이에요. 경제를 지탱하고 있는 것은 석유산업으로, 원유산출량이 아프리카 1위이며 수출량 또한 세계 10위 안에 들어갈 정도로 많아요. 한편 국민의 절반은 농림수산업에 종사하며, 주식은 카사바예요. 마의 생산량이 세계 1위예요.

● **국기의 의미** : 녹색은 풍부한 삼림과 농지, 흰색은 국민의 단결과 평화를 의미해요.
● **이 점이 대단해요!** : FIFA 축구 월드컵에 6회 진출했어요. 1996년 애틀랜타 올림픽에서는 금메달을 획득했어요!

퀴즈의 정답: ⓒ 놀리우드. 연간 2000편에 가까운 영화를 제작. 완성 후 바로 DVD화된대요!

남아프리카
남아프리카공화국

- 수도 : 프리토리아
- 통화 : 랜드
- 면적 : 121만 9090km²(한국의 약 12배)
- 인구 : 5697만 8천 명
- 인구밀도 : 46.7명/km²
- 언어 : 줄루어, 영어 등 11개 언어가 공용어
- 종교 : 기독교 등
- 주요 특산품 : 자몽, 백금①, 크롬철석①, 금광석 등
- 주요 무역국 : 중국, 독일, 미국, 인도 등

아프리카펭귄
가슴에 한 개의 까만 줄이 있는 게 특징. 케이프타운 근처에서 볼 수 있어요.

중부도시 킴벌리에 있는 거대한 구멍은 무슨 자국일까?
ⓐ 운석의 낙하
ⓑ 다이아몬드 광산의 흔적
ⓒ 지하수에 의한 침식

> 백인 우월 중심의 인종 차별 제도를 없애고
> 풍부한 광물자원을 활용해 공업화를 이루었어요

아프리카 대륙의 최남단에 위치한 나라. 1498년에 희망봉을 도는 인도 항로가 개척되며 남아프리카공화국은 네덜란드와 영국에 의해 식민지화되었어요. 제2차 세계대전 이후에도 남아프리카공화국의 백인들은 아파르트헤이트(유색 인종 격리) 정책을 펼치며, 전 세계로부터 비난을 받았어요. 이 정책은 1991년에 폐지되었지만, 지금도 경제적 격차 등의 문제가 남아 있어요.

금과 다이아몬드 등의 광물자원, 휴대전화와 컴퓨터에 반드시 필요한 희소 금속을 활용하여 공업화가 진행되고 있어요. 농업도 활발하여 포도, 오렌지, 자몽 등을 재배하고 있어요.

- 국기의 의미 : 빨간색은 피, 파란색은 하늘과 바다, 녹색은 대지, 노란색은 광물자원, 검은색과 흰색은 사람들, Y는 함께 번영함을 의미해요.
- 이 점이 대단해요! : 럭비 월드컵에서 1995년, 2007년, 2019년 총 3회나 우승한 럭비 강국이에요.

퀴즈의 정답 : ⓑ 다이아몬드 광산의 흔적. 2500km 이상의 흙이 파내져 만들어진 구멍이에요. 구멍은 직경 500m, 깊이 400m나 돼요!

북아프리카
알제리
〔알제리 인민 민주 공화국〕

- 수도 : 알제
- 통화 : 알제리 디나르
- 면적 : 238만 1740km²(한국의 약 23.8배)
- 인구 : 4357만 6천 명
- 인구밀도 : 18.2명/km²
- 언어 : 아랍어, 베르베르어파(둘 다 공용어), 프랑스어 등
- 종교 : 이슬람교
- 주요 특산품 : 대추야자, 올리브, 석유, 천연가스, 양고기 등

지중해와 사하라 사막을 즐길 수 있어요
아프리카에서 가장 넓은 나라. 지중해와 접해 있으며, 국토의 대부분이 사하라 사막이에요. 사막에서 산출된 석유와 천연가스가 나라의 경제를 지탱하고 있어요. 수도 알제의 거리는 프랑스 영토였던 시대의 모습이 남아 있어, '북아프리카의 파리'라고 불려요. 축구와 유도가 인기 많아요.

북아프리카
튀니지
〔튀니지 공화국〕

- 수도 : 튀니스
- 통화 : 튀니지 디나르
- 면적 : 16만 3610km²(한국의 약 1.6배)
- 인구 : 1181만 1천 명
- 인구밀도 : 72.1명/km²
- 언어 : 아랍어(공용어), 프랑스어, 베르베르어파
- 종교 : 이슬람교
- 주요 특산품 : 올리브, 대추야자, 석유, 인광석 등

한때 지중해를 지배했었던 나라
고대 해양민족인 페키니아인이 지중해에 접한 카르타고를 무역 거점으로 삼았어요. 그 이후에는 로마 제국과 오스만 제국의 지배를 받아 수도 튀니스에는 각 시대의 유적이 남아 있어요. 2011년 시민들의 혁명을 계기로 민주화를 향해 나아갔으며, 이를 '아랍의 봄'이라고 불러요.

북아프리카
모로코
〔모로코 왕국〕

- 수도 : 라바트
- 통화 : 모로코 디르함
- 면적 : 44만 6000km²(서사하라를 제외하면 한국의 약 4.5배)
- 인구 : 3656만 1천 명
- 인구밀도 : 247.1명/km²
- 언어 : 아랍어, 베르베르어파(둘 다 공용어), 프랑스어
- 종교 : 이슬람교
- 주요 특산품 : 올리브, 문어, 참치, 인광석, 인산 비료 등

대서양과 지중해에 접해 있는 나라
지브롤터 해협을 사이에 두고 있는 스페인과의 거리는 불과 14km예요. 아프리카와 유럽, 아랍의 영향을 받아 매력적이며 독자적인 문화가 탄생했어요. 비료와 약품에 사용되는 인광석의 생산량과 매장량이 세계에서 손꼽힐 정도로 많아요. 또한 농업, 어업, 관광업이 활발해요.

북아프리카
수단
〔수단 공화국〕

- 수도 : 하르툼
- 통화 : 수단 파운드
- 면적 : 186만 1484km²(한국의 약 18.6배)
- 인구 : 4675만 1천 명
- 인구밀도 : 25.1명/km²
- 언어 : 아랍어, 영어(둘 다 공용어) 등 100개 이상의 언어
- 종교 : 이슬람교, 기독교 등
- 주요 특산품 : 면화, 깨①, 대추야자, 양고기 등

백나일강과 청나일강이 합쳐지는 나라
나일강의 두 개의 지류가 수도 하르툼에서 합류해 본류가 되어 이집트로 흘러들고 있어요. 강 덕분에 농업이 발전해서 깨, 면화, 그림 도구와 접착제의 원료가 되는 아라비아검을 얻을 수 있어요. 수단에도 피라미드가 1000개 가까이 있으며, 그 수는 이집트보다 많아요.

북아프리카
리비아

고대 유적과 석유의 나라

국토의 대부분이 사막이에요. 석유 매장량은 아프리카에서 가장 많지만, 내전으로 생산량이 감소했어요. 지중해 연안에는 고대 로마의 유적들이 남아 있어요. 리비아의 야생 고양이는 우리가 오늘날 애완동물로 기르는 고양이의 조상으로 알려져 있어요.

- 수도 : 트리폴리
- 통화 : 리비아 디나르
- 면적 : 175만 9540km²
- 인구 : 701만 7천 명
- 인구밀도 : 3.9명/km²
- 언어 : 아랍어(공용어), 이탈리아어 등
- 종교 : 이슬람교
- 주요 특산품 : 참치, 석유, 천연가스 등

동아프리카
우간다
〔우간다 공화국〕

고릴라가 서식하는 고원

적도 바로 아래의 나라. 남부는 빅토리아호와 접해 있으며, 백나일강이 흘러요. 커피콩, 담배, 면화 등을 재배하며, 호수에서 잡은 물고기를 수출하고 있어요. 멸종위기종인 마운틴 고릴라의 보호에 적극적이에요.

- 수도 : 캄팔라
- 통화 : 우간다 실링
- 면적 : 24만 1038km²
- 인구 : 4471만 2천 명
- 인구밀도 : 185.4명/km²
- 언어 : 스와힐리어, 영어 (둘 다 공용어) 등
- 종교 : 기독교, 이슬람교
- 주요 특산품 : 커피콩, 차, 잎담배, 면화 등

동아프리카
에티오피아
〔에티오피아 연방 민주 공화국〕

아프리카에서 가장 오래된 독립국

구약 성경 '시바 여왕의 나라' 전설을 기원으로 하며, 5년간의 이탈리아 점령을 제외하고는 식민지가 된 적이 없는 나라예요. 커피의 발상지라고 불리며, 최근에는 절화 생산이 활발해요.

- 수도 : 아디스아바바
- 통화 : 비르
- 면적 : 110만 4300km²
- 인구 : 1억 1087만 1천 명
- 인구밀도 : 100.3명/km²
- 언어 : 암하라어(공용어), 영어 등
- 종교 : 기독교, 이슬람교
- 주요 특산품 : 커피콩, 홉, 깨, 절화 등

동아프리카
잠비아
〔잠비아 공화국〕

세계에서 가장 큰, 빅토리아 폭포

짐바브웨와의 국경에 있는 빅토리아 폭포로 유명해요. 폭포의 폭은 약 1700m, 낙차는 약 108m이며 떨어지는 물의 양도 엄청나 세계에서 가장 큰 폭포라고 불려요. 동과 코발트 등의 광물자원이 풍부해요.

- 수도 : 루사카
- 통화 : 잠비아 콰차
- 면적 : 75만 2618km²
- 인구 : 1907만 7천 명
- 인구밀도 : 25.3명/km²
- 언어 : 영어(공용어), 벰바어 등
- 종교 : 기독교 등
- 주요 특산품 : 잎담배, 동, 코발트 등

동아프리카
탄자니아
〔탄자니아 연합공화국〕

킬리만자로산의 기슭에 있어요

아프리카 최고봉 킬리만자로산과 아프리카에서 가장 큰 빅토리아 호수가 있어요. 주변에는 사자와 코끼리 등의 많은 야생동물이 살고 있어요. 커피콩과 담배를 재배하며, 푸른 보석 탄자나이트가 나는 땅으로도 유명해요.

- 수도 : 도도마※
- 통화 : 탄자니아 실링
- 면적 : 94만 7300km²
- 인구 : 6209만 2천 명
- 인구밀도 : 65.5명/km²
- 언어 : 스와힐리어, 영어(둘 다 공용어) 등
- 종교 : 기독교, 이슬람교 등
- 주요 특산품 : 캐슈너트, 깨, 잎담배, 커피콩 등

동아프리카
모잠비크
〔모잠비크 공화국〕

쥐가오리와 수영할 수 있는 인기 관광지

티타늄 등의 풍부한 귀금속 자원을 토대로 빠르게 성장하고 있는 나라예요. 인도양과 접해 있으며 대왕 쥐가오리와 수영할 수 있는 해변도 있어요. 어업이 활발해요.

- 수도 : 마푸투
- 통화 : 메티칼
- 면적 : 79만 9380km²
- 인구 : 3088만 8천 명
- 인구밀도 : 38.6명/km²
- 언어 : 포르투갈어(공용어), 마쿠아어 등
- 종교 : 기독교, 이슬람교 등
- 주요 특산품 : 새우, 석탄, 티탄석, 알루미늄 등

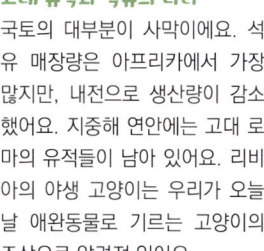

※수도 도도마 : 1996년에 입법부가 이전했어요. 옛 수도 다르에스살람은 철도나 여객선 등 교통의 중심지로 행정기관이 남아 있어요.

아프리카

동아프리카

짐바브웨
〔짐바브웨 공화국〕

거대한 돌집
거대한 돌집 형태의 유적이 있으며, 그것이 나라의 이름이 되었어요. 코끼리와 하마 등의 대형 야생동물이 모여들어요.

- 수도 : 하라레
- 통화 : 짐바브웨 달러
- 면적 : 39만 757km²
- 인구 : 1482만 9천 명
- 인구밀도 : 372.9명/km²
- 언어 : 쇼나어, 은데벨레어, 영어(전부 공용어)

말라위
〔말라위 공화국〕

국토의 4분의 1이 호수
말라위호는 아프리카에서 세 번째로 넓은 호수이며 많은 양의 물고기가 살고 있어요. 전체 인구의 90%가 농민이며 담배와 홍차 등을 생산하고 있어요.

- 수도 : 릴롱궤
- 통화 : 말라위 콰차
- 면적 : 11만 8484km²
- 인구 : 2030만 8천 명
- 인구밀도 : 171.3명/km²
- 언어 : 영어(공용어), 체와어 등

모리셔스
〔모리셔스 공화국〕

아프리카에서 가장 부유한 나라
'인도양의 귀부인'이라고 불리는 휴양 섬. 원래는 무인도였으며, 국민의 70%가 인도계 사람들이에요.

- 수도 : 포트루이스(모리셔스섬)
- 통화 : 모리셔스 루피
- 면적 : 2040km²
- 인구 : 138만 6천 명
- 인구밀도 : 679.4명/km²
- 언어 : 영어(공용어) 등

남수단
〔남수단 공화국〕

수단으로부터 독립
2011년에 독립하여 가장 최근인 2021년 8월에야 국제연합에 가맹한 국가예요. 수단과 석유를 둘러싼 다툼이 잦고 국내적으로도 혼란이 계속되고 있어요.

- 수도 : 주바
- 통화 : 남수단 파운드
- 면적 : 64만 4329km²
- 인구 : 1098만 4천 명
- 인구밀도 : 17명/km²
- 언어 : 영어(공용어), 아랍어 등

마다가스카르
〔마다가스카르 공화국〕

특이한 동물들의 낙원
독자적인 생태계를 가지고 있어요. 호랑꼬리여우원숭이 등 이 섬에만 살고 있는 생물들이 있어요. 바닐라 빈 생산량이 세계에서 제일 많아요.

- 수도 : 안타나나리보
- 통화 : 아리아리
- 면적 : 58만 7041km²
- 인구 : 2753만 4천 명
- 인구밀도 : 46.9명/km²
- 언어 : 마다가스카르어, 프랑스어(둘 다 공용어)

지부티
〔지부티 공화국〕

50°C가 넘는 더위
홍해의 입구에 있는 소국. 항구와 철도의 이용료가 주 수입원이에요. 아살호에서 최고급 천연소금을 얻을 수 있으며, 유목민이 많아요.

- 수도 : 지부티
- 통화 : 지부티 프랑
- 면적 : 2만 3200km²
- 인구 : 93만 8천 명
- 인구밀도 : 40.4명/km²
- 언어 : 프랑스어, 아랍어 (둘 다 공용어) 등

르완다
〔르완다 공화국〕

기적의 부흥으로 급성장
1990년대에 일어난 민족분쟁의 비극을 극복하고 경제 부흥을 이루고 있어요. 커피콩, 홍차, 마카다미아 등이 주요 특산품이에요.

- 수도 : 키갈리
- 통화 : 르완다 프랑
- 면적 : 2만 6338km²
- 인구 : 1294만 3천 명
- 인구밀도 : 491.4명/km²
- 언어 : 르완다어, 프랑스어, 스와힐리어(전부 공용어)

부룬디
〔부룬디 공화국〕

아프리카 전통 북
르완다의 북쪽에 있는 나라예요. 민족분쟁은 끝났으나 아직 안정된 상태는 아니에요. 대대로 전승되는 북 연주가 유명해요.

- 수도 : 기테가※
- 통화 : 부룬디 프랑
- 면적 : 2만 7830km²
- 인구 : 1224만 1천 명
- 인구밀도 : 439.8명/km²
- 언어 : 룬디어, 프랑스어 (둘 다 공용어) 등

※원래는 부줌부라가 수도였지만 2019년에 수도를 옮겼어요.

동아프리카
에리트레아
〔에리트레아국〕

증기기관차가 달리는 나라
홍해의 항구도시부터 해발 2325m 지점까지 올라가는 관광용 증기기관차와 이탈리아령 시절부터 이어져 온 자전거 로드레이스가 대인기예요.

- 수도 : 아스마라
- 통화 : 낙파
- 면적 : 11만 7600km²
- 인구 : 614만 7천 명
- 인구밀도 : 52.2명/km²
- 언어 : 티그리냐어, 아랍어, 영어(전부 공용어) 등

중앙아프리카
콩고민주공화국

전 벨기에 영토
세계 3대 희귀 동물 중 하나인 오카피가 살고 있는 오카피 야생동물 보호구역이 있어요. 광물자원이 풍부하며, 그중에서도 코발트의 생산량이 세계 제일이에요.

- 수도 : 킨샤사
- 통화 : 콩고 프랑
- 면적 : 234만 4858km²
- 인구 : 1억 504만 4천 명
- 인구밀도 : 44.7명/km²
- 언어 : 프랑스어(공용어) 등

동아프리카
세이셸
〔세이셸 공화국〕

지상 최후의 낙원
인도양의 세이셸 제도로 이루어져 있어요. 알다브라코끼리거북은 여기에서만 살고 있어요.

- 수도 : 빅토리아(마에섬)
- 통화 : 세이셸 루피
- 면적 : 455km²
- 인구 : 9만 6천 명
- 인구밀도 : 210.9명/km²
- 언어 : 크리올어, 영어, 프랑스어(전부 공용어)

중앙아프리카
카메룬
〔카메룬 공화국〕

다양한 문화가 섞인 나라
기니만에 접해 있으며, 200개가 넘는 민족들이 살고 있어요. 커피콩, 카카오콩, 면화 재배가 활발해요. 축구 강국이에요.

- 수도 : 야운데
- 통화 : CFA 프랑
- 면적 : 47만 5440km²
- 인구 : 2852만 4천 명
- 인구밀도 : 59.9명/km²
- 언어 : 영어, 프랑스어 (둘 다 공용어) 등

동아프리카
소말리아
〔소말리아 연방 공화국〕

유목민이 만든 나라
국토의 형태 때문에 '아프리카의 뿔'이라고 불려요. 낙타 사육으로 유명해요. 내전으로 인해 난민캠프에 사는 사람도 많아요.

- 수도 : 모가디슈
- 통화 : 소말리아 실링
- 면적 : 63만 7657km²
- 인구 : 1209만 4천 명
- 인구밀도 : 18.9명/km²
- 언어 : 소말리아어, 아랍어 (둘 다 공용어) 등

중앙아프리카
가봉
〔가봉 공화국〕

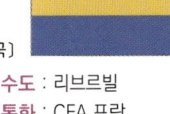

수도의 뜻은 '자유의 마을'이라는 뜻
적도 바로 아래의 나라. 야생 맨드릴 등이 살고 있어요. 노벨평화상을 받은 의사 슈바이처가 활동했던 땅이에요.

- 수도 : 리브르빌
- 통화 : CFA 프랑
- 면적 : 26만 7667km²
- 인구 : 228만 4천 명
- 인구밀도 : 8.5명/km²
- 언어 : 프랑스어(공용어) 등

동아프리카
코모로
〔코모로 연방〕

실러캔스의 서식지
세 개의 화산섬으로 이루어져 있어요. '살아있는 화석'이라고 불리는 고대 어류, 실러캔스의 서식지예요. 향수의 원료 일랑일랑의 생산국이기도 해요.

- 수도 : 모로니
- 통화 : 코모로 프랑
- 면적 : 2235km²
- 인구 : 86만 4천 명
- 인구밀도 : 386.5명/km²
- 언어 : 코모로어, 아랍어, 프랑스어(전부 공용어)

중앙아프리카
콩고공화국

전 프랑스 영토
대서양과 접해 있으며, 해저 유전이 나라의 경제를 지탱하고 있어요. 국토의 절반은 개척되지 않은 열대우림으로 로란드고릴라 보호구역이 있어요.

- 수도 : 브라자빌
- 통화 : CFA 프랑
- 면적 : 34만 2000km²
- 인구 : 541만 7천 명
- 인구밀도 : 15.8명/km²
- 언어 : 프랑스어(공용어) 등

아프리카

중앙아프리카
차드
〔차드 공화국〕

가뭄으로 인해 줄어들고 있는 차드호
사하라 사막의 남쪽에 위치한 나라. 차드호는 가뭄 등으로 인해 점점 작아지고 있어요.

- 수도 : 은자메나
- 통화 : CFA 프랑
- 면적 : 128만 4000km²
- 인구 : 1741만 4천 명
- 인구밀도 : 13.5명/km²
- 언어 : 프랑스어, 아랍어 (둘 다 공용어) 등

서아프리카
가나
〔가나 공화국〕

서아프리카의 경제 강국
우리나라에서는 초콜릿 브랜드의 이름으로도 유명해요. 세계적으로도 큰 인공호수 볼타호가 있어요. 풍부한 자원과 비옥한 땅 덕분에 농업과 공업이 고루 성장하고 있어요. 세계적인 카카오콩 생산국이에요.

- 수도 : 아크라
- 통화 : 가나 세디
- 면적 : 23만 8533km²
- 인구 : 1224만 1천 명
- 인구밀도 : 135.7명/km²
- 언어 : 영어(공용어) 등

중앙아프리카
적도기니
〔적도기니 공화국〕

수도가 섬에 있는 나라
1992년에 석유와 천연가스 생산이 시작되어 급성장했어요. 그러나 인구의 70%가 대륙에 떨어져 있는 땅에 살아 여전히 빈곤에 허덕이고 있는 사람이 많아요.

- 수도 : 말라보
- 통화 : CFA 프랑
- 면적 : 2만 8051km²
- 인구 : 85만 7천 명
- 인구밀도 : 30.5명/km²
- 언어 : 스페인어, 프랑스어, 포르투갈어(전부 공용어) 등

서아프리카
코트디부아르
〔코트디부아르 공화국〕

카카오콩의 대량 생산국
과거 상아 수출로 번성하였으며, 국명은 '상아 해안'이라는 뜻을 가지고 있어요. 현재 카카오콩의 생산량, 수출량이 세계 1, 2위를 다퉈요.

- 수도 : 야무수크로※
- 통화 : CFA 프랑
- 면적 : 32만 2463km²
- 인구 : 2808만 8천 명
- 인구밀도 : 87.1명/km²
- 언어 : 프랑스어(공용어), 줄라어

중앙아프리카
중앙아프리카공화국

슈빌(넓적부리황새)이 서식
광물자원이 풍부하고 슈빌 등의 동물이 살아요. 그러나 내전이 계속되어 국민의 대다수가 식량난과 질병에 시달리고 있어요.

- 수도 : 방기
- 통화 : CFA 프랑
- 면적 : 62만 2984km²
- 인구 : 535만 7천 명
- 인구밀도 : 8.5명/km²
- 언어 : 프랑스어, 상고어 (둘 다 공용어) 등

서아프리카
세네갈
〔세네갈 공화국〕

물고기 요리를 좋아하는 국민
수도는 세계에서 가장 어려운 자동차 경주 '다카르 랠리'의 도착장소예요. 땅콩의 주요 수출국이며 어업도 활발해요.

- 수도 : 다카르
- 통화 : CFA 프랑
- 면적 : 19만 6722km²
- 인구 : 1608만 2천 명
- 인구밀도 : 81.7명/km²
- 언어 : 프랑스어(공용어) 등

중앙아프리카
상투메 프린시페
〔상투메 프린시페 민주 공화국〕

기니만의 화산섬
상투메섬에 전체 인구의 90%가 살고 있어요. 세계 최고급 품질의 카카오콩 재배를 재개했으며, 유전의 개발도 진행하고 있어요.

- 수도 : 상투메
- 통화 : 도브라
- 면적 : 964km²
- 인구 : 21만 3천 명
- 인구밀도 : 220.9명/km²
- 언어 : 포르투갈어(공용어) 등

서아프리카
말리
〔말리 공화국〕

사하라 교역으로 번성했어요
사하라 사막의 남서쪽에 위치해 있어요. 과거 금과 소금의 교역으로 번성했어요. 현재는 나이저강 유역의 면화 재배와 목축이 중심이에요.

- 수도 : 바마코
- 통화 : CFA 프랑
- 면적 : 124만 192km²
- 인구 : 2013만 7천 명
- 인구밀도 : 16.2km²
- 언어 : 프랑스어(공용어) 등

※이전의 수도는 아비장이었어요. 1983년에 옮겼어요.

서아프리카
부르키나파소

연대를 소중히 하는 나라
국명은 '고결한 사람들의 나라'라는 뜻이에요. 서로 돕는 것을 중요시해요. 홀수 년마다 아프리카 영화제가 개최돼요.

- 수도 : 와가두구
- 통화 : CFA 프랑
- 면적 : 27만 4200km²
- 인구 : 2138만 2천 명
- 인구밀도 : 77.9명/km²
- 언어 : 프랑스어(공용어) 등

서아프리카
모리타니
〔모리타니아 이슬람 공화국〕

문어를 우리나라에 수출
문어잡이 등의 어업이 활발해요. 내륙의 사하라 사막에는 목축 생활을 하는 유목민들이 많이 있어요.

- 수도 : 누악쇼트
- 통화 : 우기야
- 면적 : 103만 700km²
- 인구 : 407만 9천 명
- 인구밀도 : 3.9명/km²
- 언어 : 아랍어(공용어), 프랑스어 등

서아프리카
베냉
〔베냉 공화국〕

아프리카의 베네치아
국토의 모양이 열쇠 모양이에요. 4만 명이나 살고 있는 기니만 연안의 간비에 수상 마을이 관광명소예요.

- 수도 : 와가두구
- 통화 : CFA 프랑
- 면적 : 27만 4200km²
- 인구 : 2138만 2천 명
- 인구밀도 : 77.9명/km²
- 언어 : 프랑스어(공용어) 등

서아프리카
토고
〔토고 공화국〕

로메항은 물류의 거점
기니만과 접해 있으며, 남북으로 가늘고 긴 농업국가예요. 면화, 커피콩, 카카오콩 등을 재배하고 있어요. 인광석 및 시멘트를 수출해요.

- 수도 : 로메
- 통화 : CFA 프랑
- 면적 : 5만 6785km²
- 인구 : 828만 3천 명
- 인구밀도 : 145.8명/km²
- 언어 : 프랑스어(공용어) 등

서아프리카
니제르
〔니제르 공화국〕

공룡과 우라늄의 땅
북부의 사하라 사막에서 발굴된 공룡 화석은 대부분이 작은 이빨을 가진 초식공룡 화석이에요. 우라늄 생산량이 세계에서 손꼽힐 정도예요.

- 수도 : 니아메
- 통화 : CFA 프랑
- 면적 : 126만 6700km²
- 인구 : 2360만 5천 명
- 인구밀도 : 18.6명/km²
- 언어 : 프랑스어(공용어) 등

서아프리카
시에라리온
〔시에라리온 공화국〕

국명은 '사자의 산'
다이아몬드 이권에 의한 내전으로 위생환경이 나쁘며, 평균수명이 짧은 나라로 유명했지만 점차 개선되고 있어요.

- 수도 : 프리타운
- 통화 : 리온
- 면적 : 7만 1740km²
- 인구 : 680만 7천 명
- 인구밀도 : 94.8명/km²
- 언어 : 영어(공용어), 크리오어 등

서아프리카
기니
〔기니 공화국〕

아프리카의 저수지
광물자원이 풍부해요. 알루미늄의 원료인 보크사이트 매장량이 세계에서 제일 많아요. 우기가 있으며, 쌀과 카사바가 주식이에요.

- 수도 : 코나크리
- 통화 : 기니 프랑
- 면적 : 24만 5857km²
- 인구 : 1287만 7천 명
- 인구밀도 : 52.3명/km²
- 언어 : 프랑스어(공용어) 등

서아프리카
라이베리아
〔라이베리아 공화국〕

국명은 '자유'를 의미
미국의 해방 노예들이 1822년부터 이주하기 시작해 1847년에 나라를 건국했어요. 아프리카에서 에티오피아 다음으로 오래된 나라예요.

- 수도 : 몬로비아
- 통화 : 라이베리아 달러
- 면적 : 11만 1369km²
- 인구 : 521만 4천 명
- 인구밀도 : 46.8명/km²
- 언어 : 영어(공용어) 등

아프리카

서아프리카

서아프리카

카보베르데
〔카보베르데 공화국〕

세네갈 연안의 화산섬
대서양에 떠 있는 15개의 섬들로 이루어져 있어요. 어업이 활발하며 최근에는 관광에도 힘을 쏟고 있어요.

- 수도 : 프라이아(산티아구섬)
- 통화 : 카보베르데 이스쿠두
- 면적 : 4033km²
- 인구 : 58만 9천 명
- 인구밀도 : 146명/km²
- 언어 : 포르투갈어(공용어) 등

감비아
〔감비아 공화국〕

아프리카 대륙에서 가장 작은 나라
감비아강을 따라 동서로 얇고 긴 나라. 아프리카 대륙에서 가장 작은 나라예요. 주요 산업은 농업과 관광업. 땅콩과 쌀을 생산해요.

- 수도 : 반줄
- 통화 : 달라시
- 면적 : 1만 1300km²
- 인구 : 222만 1천 명
- 인구밀도 : 196.5명/km²
- 언어 : 영어(공용어) 등

기니비사우
〔기니비사우 공화국〕

해양 포유류들이 있는 나라
복잡한 해안선에는 멸종위기종인 해양 포유류 아프리카매너티가 살고 있어요. 캐슈너트 생산량이 세계에서 손꼽을 정도예요.

- 수도 : 비사우
- 통화 : CFA 프랑
- 면적 : 3만 6125km²
- 인구 : 197만 6천 명
- 인구밀도 : 54.6명/km²
- 언어 : 폴란드어(공용어), 크리올어 등

남아프리카

보츠와나
〔보츠와나 공화국〕

칼라하리 사막에 있어요
세계에서 손꼽히는 다이아몬드 생산국. 채굴뿐 아니라 가공 기술도 뛰어나요. 정치는 안정되어 있으며 동물보호에도 힘을 쏟고 있어요.

- 수도 : 가보로네
- 통화 : 풀라
- 면적 : 58만 1730km²
- 인구 : 235만 명
- 인구밀도 : 4명/km²
- 언어 : 영어(공용어), 보츠와나어 등

나미비아
〔나미비아 공화국〕

'아무것도 없다'는 건 거짓말?
국명은 '아무것도 없는 토지'라는 의미예요. 지구에서 가장 오래된 나미브 사막에는 다이아몬드와 우라늄 등의 광물자원이 잔뜩 잠들어 있어요.

- 수도 : 빈트후크
- 통화 : 나미비아 달러
- 면적 : 82만 4292km²
- 인구 : 267만 8천 명
- 인구밀도 : 3.2명/km²
- 언어 : 영어(공용어), 오시밤보어 등

에스와티니
〔에스와티니 왕국〕

국왕이 국명 변경!
2018년 절대 권력을 가진 국왕이 국명을 스와질란드에서 에스와티니로 변경했어요. 2021년에 이르러서는 민주화를 요구하는 운동이 격렬하게 일어났어요.

- 수도 : 음바바네
- 통화 : 릴랑게니
- 면적 : 1만 7364km²
- 인구 : 111만 3천 명
- 인구밀도 : 64명/km²
- 언어 : 영어, 스와지어 (둘 다 공용어)

앙골라
〔앙골라 공화국〕

물가가 매우 높은 나라
오랫동안 계속된 내전이 2002년에 끝났고 급속도로 경제 발전 중이에요. 내전 때 심은 지뢰가 많아 지금까지 제거 활동에 열을 올리고 있어요.

- 수도 : 루안다
- 통화 : 콴자
- 면적 : 124만 6700km²
- 인구 : 3364만 2천 명
- 인구밀도 : 26.9명/km²
- 언어 : 포르투갈어(공용어) 등

레소토
〔레소토 왕국〕

스키장이 있는 나라
남아프리카공화국 안에 위치한 작은 나라예요. 국토의 대부분이 고지대로, 겨울(5~7월)에는 눈이 내려요.

- 수도 : 마세루
- 통화 : 로티
- 면적 : 3만 355km²
- 인구 : 217만 7천 명
- 인구밀도 : 71.7명/km²
- 언어 : 영어, 세소토어 (둘 다 공용어) 등

5장

아메리카

아메리카

북아메리카 대륙과 남아메리카 대륙, 그리고 카리브해에 떠 있는 섬들. 이렇게 세 개의 지역으로 크게 분류돼요. 북극권부터 남극권까지 이어져 있는 남북으로 무척이나 긴 지역이에요. 그만큼 여러 사람이 살고 있으며 문화도 다양하답니다.

북아메리카에는 미국과 캐나다 두 개 나라밖에 없어요.

북아시아

허드슨만

오대호
슈피리어호
휴런호
온타리오호
미시간호
이리호

위니페그호

그레이트베어호

그레이트슬레이브호

캐나다
106p

미국
104p

북아메리카
북아메리카 대륙의 대부분을 차지하는 지역. 북부는 북극권으로 사람이 거의 살고 있지 않으며, 남부는 맞춤해 살기 좋은 기후예요.

알래스카
(미국)

태평양

베링 해협

102

북아메리카
미국
[미합중국]

수도 : 워싱턴 D.C
통화 : 미국 달러
면적 : 983만 3517km²(한국의 약 98배, 세계 3위)
인구 : 3억 3499만 8천 명(세계 3위)
인구밀도 : 34명/km²
언어 : 영어 등
종교 : 기독교 등
주요 특산품 : 옥수수①, 콩①, 소고기①, 천연가스①, 자동차 등
주요 무역국 : 멕시코, 캐나다, 한국, 중국, 일본 등

흰머리수리
미국의 국조. 머리 털이 하얗고 날카로운 부리와 발톱을 가졌어요.

하늘의 제왕이라 불리며 강력한 미국을 상징하고 있어요.

이민자들이 만든 자유의 나라. 거대한 영향력으로 세계를 리드!

　1492년에 이탈리아인 탐험가 콜럼버스가 중앙아메리카의 서인도 제도에 도달하고 뒤이어 유럽이 북아메리카 대륙을 식민지화하며, 미국의 역사가 시작되었어요. 1620년에 영국의 개신교 교도가 새로운 세상을 찾아 이주해 온 것에서 '자유의 나라'라는 이름이 붙었어요. 1776년 7월 4일에 독립을 선언했으며, 현재는 세계를 리드하는 초강대국이랍니다.
　농업, 공업, 서비스업이 전부 활발하며 특히 IT와 우주공학은 세계 최고예요. 영화, 음악, 스포츠, 놀이공원 등 문화적으로도 세계를 리드하고 있어요.

● **국기의 의미** : 13개의 적색·흰색 선은 독립할 때 주의 수, 별의 수는 현재의 50개 주를 나타내요. 빨간색은 용기, 흰색은 순수함, 파란색은 인내를 의미해요.

● **이 점이 대단해요!** : 치즈, 핫도그, 편의점, 인터넷 등은 모두 미국에서 생겨났어요!

1분 만에 싹 알아보는 미국

그랜드 캐니언 국립공원
애리조나주에 있는 446km에 달하는 웅장한 협곡. 콜로라도강이 500만 년의 시간을 들여 깎아 냈어요. 깎아지른 절벽의 지층에서는 20억 년 전부터의 역사를 볼 수 있어요.

자유의 여신상
뉴욕항 내의 리버티섬에 만들어졌어요. 정식 명칭은 '세계를 비추는 자유'라고 해요. 1886년에 미국 독립 100주년을 기념해서 프랑스에서 선물했어요. 받침대와 횃불의 높이를 포함한 총높이는 93m에 달해요!

케네디 우주 센터
플로리다주 올랜도에 있는 NASA(미국항공우주국)의 로켓 발사기지예요. 우주 항공사의 훈련 체험을 할 수 있고 실물 우주왕복선을 볼 수 있어요.

북미 4대 프로 스포츠에 포함되지 않는 경기는?
ⓐ 아이스하키
ⓑ 축구
ⓒ 농구

● **한국과의 관계** : 우리나라의 우방국이에요. 6.25전쟁 때 우리나라를 지키다 돌아가신 미국인의 수만 3만 명이 넘어요. 그 이후에도 많은 원조를 해 주었어요.

● **놀랄 만한 이야기!** : 국명은 16세기 초에 아메리카 대륙을 신대륙이라고 발표한 이탈리아인 아메리고 베스푸치에서 유래했어요.

퀴즈의 정답: ⓑ 축구. 북미 4대 스포츠는 아이스하키, 농구, 야구, 미식축구. 무척이나 인기가 많아요.

북아메리카
캐나다

- **수도** : 오타와
- **통화** : 캐나다 달러
- **면적** : 998만 4670km²(한국의 약 100배, 세계 2위)
- **인구** : 3794만 3천 명
- **인구밀도** : 3.8명/km²
- **언어** : 영어, 프랑스어(둘 다 공용어) 등
- **종교** : 기독교 등
- **주요 특산품** : 밀가루, 귀리, 목재, 천연가스, 우라늄 광석, 펄프 등
- **주요 무역국** : 미국, 중국 등

비버는 캐나다 발전의 일등공신이에요!

비버
캐나다를 상징하는 동물. 신장은 80~120cm 정도예요.

▌연간 30만 명 이상의 이민을 받아들여 현재는 5명 중 1명이 이민자

북아메리카 대륙의 북쪽 절반을 차지하는 세계에서 두 번째로 넓은 나라이며 국토의 절반 이상이 침엽수림대(타이가)예요.

18세기 영국과 프랑스의 영유권 분쟁에서 영국이 승리해서 영국의 식민지가 되었어요. 완전히 영국으로부터 독립한 건 1982년이에요. 동부의 퀘벡 주에서는 지금도 프랑스계 주민이 90%를 차지하며, 1999년에는 원주민 이누이트의 자치 준주(누나부트 준주)가 생겼어요.

석유, 천연가스 등의 자원이 풍부하여 해외에 수출하고 있어요. 또한 삼림자원을 살려 임업은 물론, 농업과 어업, 공업도 활발하게 이루어지고 있답니다.

- **국기의 의미** : 단풍나뭇잎은 캐나다의 상징. 좌우의 빨간색은 태평양과 대서양, 흰색은 눈과 광활한 토지를 나타내요.
- **이 점이 대단해요!** : 전통 스포츠는 아이스하키. 남녀 전부 올림픽 금메달을 놓고 경쟁할 정도로 아이스하키 강국이에요.

1분 만에 싹 알아보는 캐나다

캐나디언 로키
밴프 등 네 개의 국립공원과 세 개의 주립공원으로 이루어져 있어요. 3000m를 넘는 산들, 빙하가 녹은 물로 만들어진 루이스호 등 대자연이 펼쳐져 있어요.

북극해

빨간 머리 앤
캐나다의 여성 작가 몽고메리의 소설이에요. 일본에서 애니메이션으로 만들었는데 우리나라에서도 지금까지 큰 인기를 끌고 있어요. 작품의 무대가 된 프린스 에드워드 아일랜드는 동쪽의 세인트로렌스만에 떠 있는 섬이에요.

퀸엘리자베스 제도

누나부트 준주

배핀섬

허드슨만

래드라도반도

래브라도해

퀘벡 주
몬트리올

뉴펀들랜드섬

밴쿠버 캘거리

태평양

토론토
오타와

북대서양

메이플 시럽
국기에도 그려져 있는 설탕단풍나무의 수액에서 만들어져요. 전 세계 물량의 약 80%가 캐나다에서 생산되고 있어요. 동부의 퀘벡주가 명산지로, 팬케이크나 와플에 부려 먹으면 맛있어요.

나이아가라 폭포
북아메리카 대륙에서 가장 큰 폭포. 캐나다 온타리오 주와 미국 뉴욕 주의 국경에 있어요. 낙차는 약 56m로 캐나다 쪽의 폭포의 폭이 미국 쪽의 폭포의 폭보다 2배 더 넓은 약 675m! 엄청난 박력이죠?

왜 비버가 캐나다를 상징하는 동물이 되었을까요?
ⓐ 나무를 쓰러트리는 데 도움을 주어서
ⓑ 모피가 좋아서
ⓒ 식용으로 좋아서

● **한국과의 관계** : 미국, 영국에 이어 세 번째로 큰 파병 규모로 6.25전쟁 때 우리나라를 지원했어요. 우리나라에서 어학연수를 위해 많은 학생이 캐나다로 떠나요.

● **놀랄 만한 이야기!** : 미국과의 국경선의 길이는 8891km! 두 개 국가의 육상 국경선으로는 세계에서 가장 길어요.

퀴즈의 정답: ⓑ 모피가 좋아서. 과거 펠트 모자의 최고급 재료로서 국가에 엄청난 부를 가져다 주었기 때문에 캐나다를 상징하는 동물이 되었어요.

중앙아메리카
멕시코
[멕시코 합중국]

- **수도** : 멕시코시티
- **통화** : 멕시코 페소
- **면적** : 196만 4375km²(한국의 약 19.6배)
- **인구** : 1억 3020만 7천 명
- **인구밀도** : 66.2명/km²
- **언어** : 스페인어(공용어) 등
- **종교** : 기독교 등
- **주요 특산품** : 아보카도①, 바닐라콩, 은광석①, 자동차 등
- **주요 무역국** : 미국, 중국 등

애완용 우파루파는 한국에서도 인기가 많아요!

우파루파
정식 명칭은 '멕시코 도롱뇽'. 멕시코시티 교외의 소치밀코 호수가 몇 없는 서식지예요.

▎원주민이 구축해 온 고도의 문명과 스페인 문명을 조화시켜 발전

　북아메리카 대륙의 남부에 위치한 나라. 수도 멕시코시티는 고도 약 2250m의 고지에 있어요. 기원전 2세기경에 테오티우아칸 문명이 생겨나고, 3세기부터 마야 문명, 14세기부터 아즈텍 문명이 발전했어요. 1521년에 스페인에서 온 콜럼버스에 의해 정복되었지만, 1821년에 독립했어요. 이러한 과정을 거치며 만들어진 멕시코 문명의 대다수가 세계유산에 등록되어 있답니다.

　오래전부터 많이 재배되던 옥수수를 이용해서 옥수수 가루를 반죽해 얇게 펴고 고기와 야채를 싸 먹는 타코는 대표적인 멕시코 음식이에요. 또한 아보카도 생산량이 세계 제일이에요.

- **국기의 의미** : 녹색은 각 주의 독립, 흰색은 신앙, 빨간색은 통일을 의미해요. 독수리 문양은 아즈텍 신화에서 유래했어요.
- **이 점이 대단해요!** : 북중미를 대표하는 축구 강국이에요!

1분 만에 싹 알아보는 멕시코

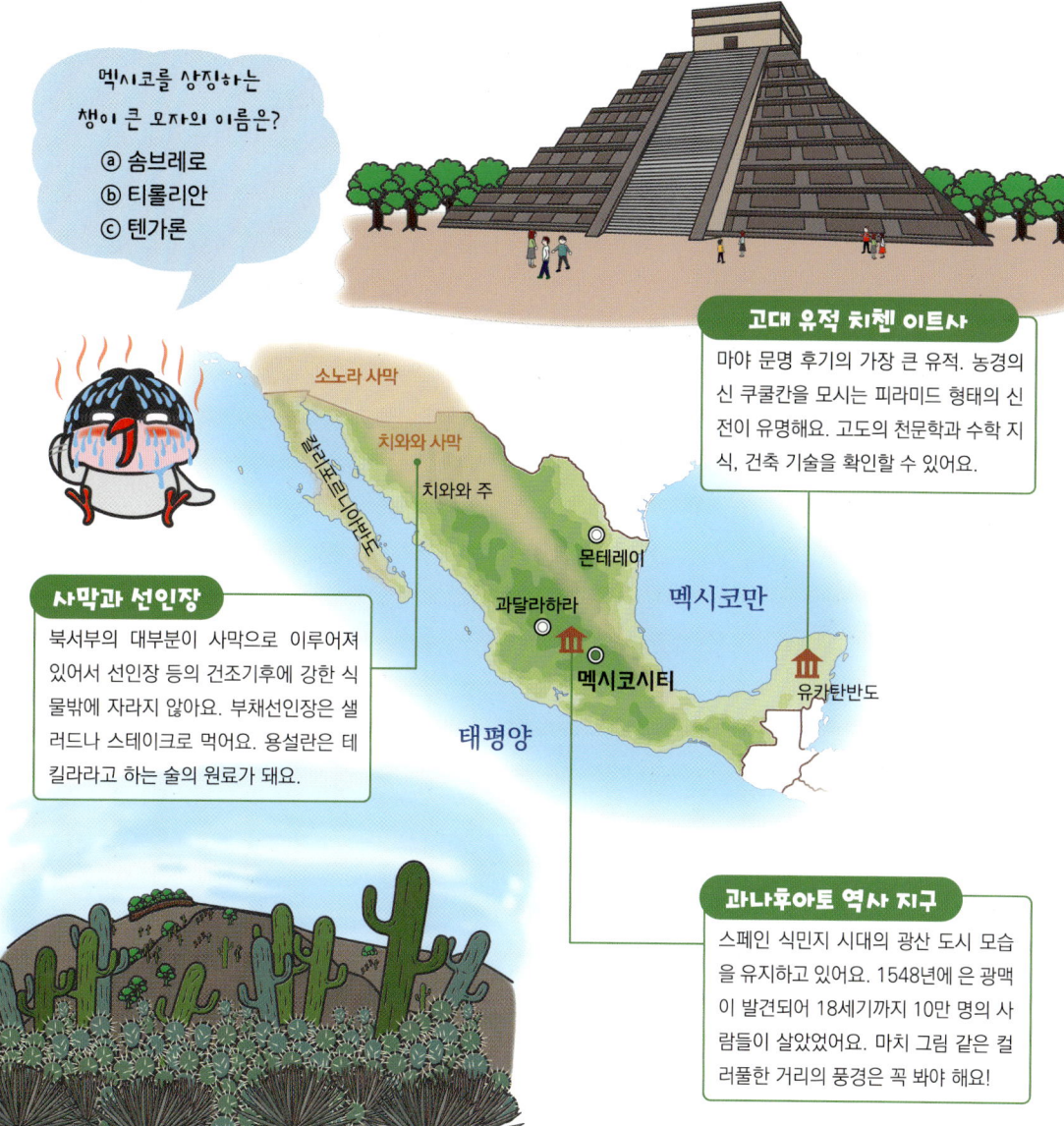

멕시코를 상징하는 챙이 큰 모자의 이름은?
ⓐ 솜브레로
ⓑ 티롤리안
ⓒ 텐가론

고대 유적 치첸 이트사
마야 문명 후기의 가장 큰 유적. 농경의 신 쿠쿨칸을 모시는 피라미드 형태의 신전이 유명해요. 고도의 천문학과 수학 지식, 건축 기술을 확인할 수 있어요.

사막과 선인장
북서부의 대부분이 사막으로 이루어져 있어서 선인장 등의 건조기후에 강한 식물밖에 자라지 않아요. 부채선인장은 샐러드나 스테이크로 먹어요. 용설란은 테킬라라고 하는 술의 원료가 돼요.

과나후아토 역사 지구
스페인 식민지 시대의 광산 도시 모습을 유지하고 있어요. 1548년에 은 광맥이 발견되어 18세기까지 10만 명의 사람들이 살았었어요. 마치 그림 같은 컬러풀한 거리의 풍경은 꼭 봐야 해요!

● **한국과의 관계**: 멕시코에서 만든 어린이 드라마 『천사들의 합창』은 한국에서 대단한 인기를 누린 드라마예요.

● **놀랄 만한 이야기!**: 세계에서 가장 작은 견종으로 인기가 많은 치와와는 멕시코의 견종이에요. 북부의 치와와 주가 원산지예요.

퀴즈의 정답: ⓐ 솜브레로. 스페인의 밀짚모자가 전해져서 그 위에 장식을 단 것이 최초예요. 펠트로 만든 고급 제품도 있어요.

중앙아메리카
쿠바

〔쿠바 공화국〕

- 수도 : 아바나
- 통화 : 쿠바 페소
- 면적 : 11만 860km²(한국의 약 1.2배)
- 인구 : 1103만 2천 명
- 인구밀도 : 99.5명/km²
- 언어 : 스페인어(공용어)
- 종교 : 기독교
- 주요 특산품 : 설탕, 시가, 코발트 광석, 럼주 등

카리브해에서 존재감을 뽐내는 사회주의국가
카리브해의 서인도 제도에서 가장 큰 쿠바섬과 주변의 섬들로 이루어진, 늘 여름인 나라예요. 미국이 지지하던 독재정권이 1953~1959년의 쿠바 혁명에 의해 쓰러지고, 1961년에 사회주의국가가 되었어요. 야구, 육상경기, 복싱 등 여러 종류의 스포츠 국제대회에서 활약하고 있으며, 스포츠선수 육성에 나라 전체가 힘을 쏟고 있어요.

중앙아메리카
과테말라

〔과테말라 공화국〕

- 수도 : 과테말라시티
- 통화 : 케찰
- 면적 : 10만 8889km²(한국과 비슷)
- 인구 : 1742만 2천 명
- 인구밀도 : 159.9명/km²
- 언어 : 스페인어(공용어), 마야어 등
- 종교 : 기독교
- 주요 특산품 : 의류품, 바나나, 사탕, 커피콩, 천연고무 등

원주민이 사는 고대 문명의 중심지
멕시코에 접해 있는 나라. 고대 마야 문명이 꽃피웠던 땅으로, 유적이 많이 남아 있어요. 지금도 많은 원주민이 살고 있으며, 민족 전통의상을 입고 있는 사람들을 거리에서 쉽게 볼 수 있어요. 고품질의 커피콩을 얻을 수 있는 것으로 유명하며 국기에는 세계에서 가장 아름다운 새라고 불리는 국조 케찰이 그려져 있어요.

중앙아메리카
도미니카공화국

- 수도 : 산토도밍고
- 통화 : 도미니카 페소
- 면적 : 4만 8670km²(한국의 약 0.5배)
- 인구 : 1059만 7천 명
- 인구밀도 : 217.7명/km²
- 언어 : 스페인어(공용어)
- 종교 : 기독교 등
- 주요 특산품 : 커피콩, 카카오콩, 금광석, 설탕 등

숨이 멎을 정도로 아름다운 해변 리조트
카리브해에서 두 번째로 큰 에스파뇰라섬의 동부에 위치한 나라. 관광업이 최대의 산업이에요. 흥겨운 댄스음악 '메렝게'는 전 세계에 잘 알려져 있어요. 야구가 인기 많으며, 메이저리그에서 활약 중인 선수도 많아요.

중앙아메리카
파나마

〔파나마 공화국〕

- 수도 : 파나마시티
- 통화 : 발보아
- 면적 : 7만 5420km²(한국의 약 0.7배)
- 인구 : 392만 8천 명
- 인구밀도 : 52명/km²
- 언어 : 스페인어(공용어) 등
- 종교 : 기독교
- 주요 특산품 : 바나나, 새우, 금광석, 화학약품 등

태평양과 대서양을 잇는 파나마 운하
카리브해와 파나마만의 사이에 있는 얇고 긴 나라. 미국의 원조를 받아 1914년에 개통한 파나마 운하는 세계적으로 중요한 항해 루트예요. 미국이 독점적으로 운영하고 있었지만 1999년에 파나마에 반환되었어요. 연간 1만 4천 척이 내는 통행료 수입과 중계무역이 나라를 지탱하고 있어요.

중앙아메리카
코스타리카

〔코스타리카 공화국〕

- **수도**: 산호세　**통화**: 코스타리카 콜론
- **면적**: 5만 1100km²(한국의 약 0.5배)
- **인구**: 515만 1천 명　**인구밀도**: 100.8명/km²
- **언어**: 스페인어(공용어), 영어 등
- **종교**: 기독교 등
- **주요 특산품**: 파인애플①, 커피콩, 바나나 등

자연이 풍부하고 평화를 사랑하는 나라
1949년에 군대를 갖지 않는 것을 법률로 정했어요. 국립공원과 자연 보호 구역이 국토의 4분의 1을 차지하는 환경보호 선진국이에요. 깨끗한 자연을 관찰하는 친환경 여행으로 관광객들을 모으고 있어요. 세계자연유산이기도 한 코코스섬 국립공원은 영화 『쥬라기 공원』의 모델이에요.

중앙아메리카
엘살바도르

〔엘살바도르 공화국〕

- **수도**: 산살바도르　**통화**: 미국 달러
- **면적**: 2만 1041km²(전라도와 비슷)
- **인구**: 652만 8천 명　**인구밀도**: 310.2명/km²
- **언어**: 스페인어(공용어) 등
- **종교**: 기독교
- **주요 특산품**: 커피콩, 면화, 설탕, 의류품 등

화산재에 휩쓸린 원주민들의 유적이 있어요
중앙아메리카에서 작은 축에 속하는 나라 중 유일하게 카리브해에 접해 있지 않으며, 화산지대에 있어 지진도 잦아요. 국가 유일의 세계문화유산 '호야 데 세렌 고고 유적'에는 600년경 마야족의 농촌 터가 거의 온전한 상태로 남아 있어요. 커피콩과 사탕수수를 중심으로 한 농업과 섬유산업이 활발해요.

중앙아메리카
온두라스

〔온두라스 공화국〕

- **수도**: 테구시갈파　**통화**: 렘피라
- **면적**: 11만 2090km²(한국의 약 1.1배)
- **인구**: 934만 6천 명　**인구밀도**: 83.3명/km²
- **언어**: 스페인어(공용어) 등
- **종교**: 기독교
- **주요 특산품**: 커피콩, 바나나, 새우, 코코넛오일 등

고대도시 유적과 귀중한 야생동물의 보고
과테말라와의 국경 근처에 있는 세계문화유산 '코판 도시 유적'은 마야 문명 최전성기의 고대도시예요. 또한 리오 플라타노강 유역의 광활한 생물권 보전 지역도 세계유산이에요. 재규어, 큰개미핥기, 인어의 모델이 되었다고 알려진 매너티 등 멸종위기종의 동물들이 잔뜩 있어요.

중앙아메리카
트리니다드 토바고

〔트리니다드 토바고 공화국〕

- **수도**: 포트오브스페인　**통화**: 트리니다드 토바고 달러
- **면적**: 5128km²(경기도의 약 0.5배)
- **인구**: 122만 1천 명　**인구밀도**: 238.1명/km²
- **언어**: 영어(공용어), 힌디어 등
- **종교**: 기독교, 힌두교 등
- **주요 특산품**: 석유, 천연가스, 화학약품 등

림보 춤이 탄생한 쾌활한 나라
남아메리카 대륙 베네수엘라 앞바다에 있는 트리니다드섬과 토바고섬으로 이루어져 있어요. 석유와 천연가스 수출로 풍족해요. 춤 음악 '소카'는 세계 3대 카니발 중 하나※이기도 하며, 드럼통으로 만드는 스틸팬은 나라가 공인한 악기예요.

※세계 3대 카니발: 다른 두 개는 브라질의 리우 카니발, 이탈리아의 베네치아 카니발이에요.

중앙아메리카
자메이카

블루 마운틴이 최고봉
쿠바의 남쪽에 있는 섬나라. 우사인 볼트의 활약으로 알려진 육상 강국이에요. 최고봉에서 이름을 딴 커피콩은 최고급 품질로 거래돼요. 밥 말리로 대표되는 레게음악의 발상지이기도 해요.

- 수도 : 킹스톤
- 통화 : 자메이카 달러
- 면적 : 1만 991km²
- 인구 : 281만 6천 명
- 인구밀도 : 256.2명/km²
- 언어 : 영어
- 종교 : 기독교
- 주요 특산품 : 커피콩, 설탕, 보크사이트, 알루미나 시멘트 등

중앙아메리카
아이티
〔아이티 공화국〕

아이티 커피로 유명
카리브해의 에스파뇰라섬 서부에 위치한 나라예요. 1804년 중남미에서 최초로 독립한 나라예요. 하지만 최근 들어 지진과 허리케인 등 자연재해가 많이 일어났어요. 대통령이 암살당할 정도로 지금까지도 굉장히 혼란한 사회예요.

- 수도 : 포르토프랭스
- 통화 : 구르드
- 면적 : 2만 7750km²
- 인구 : 1119만 8천 명
- 인구밀도 : 403.5명/km²
- 언어 : 프랑스어, 아이티어(둘 다 공용어)
- 종교 : 기독교 등
- 주요 특산품 : 커피콩, 카카오콩, 사탕수수, 의류품 등

중앙아메리카
바하마
〔바하마국〕

파스텔 톤의 거리
미국의 플로리다반도 주변 700여 개의 섬들로 이루어진 나라예요. 과거에는 해적의 거점이었으나, 지금은 대형 크루즈를 타고 전 세계에서 피서객들이 찾아와요.

- 수도 : 나소(뉴프로비던스섬)
- 통화 : 바하마 달러
- 면적 : 1만 3880km²
- 인구 : 35만 2천 명
- 인구밀도 : 25.3명/km²
- 언어 : 영어(공용어)
- 종교 : 기독교
- 주요 특산품 : 플라스틱, 석유제품, 어패류 등

중앙아메리카
바베이도스

자몽의 원산지
카리브해의 가장 동쪽에 위치한 섬나라예요. 영국령이었기 때문에 영국 문화가 남아 있어요. 자몽은 1750년대에 바베이도스에서 최초로 발견되었어요. 또한 사탕수수로 만드는 럼주의 발상지로도 유명해요.

- 수도 : 브리지타운
- 통화 : 바베이도스 달러
- 면적 : 430km²
- 인구 : 30만 1천 명
- 인구밀도 : 700명/km²
- 언어 : 영어(공용어)
- 종교 : 기독교
- 주요 특산품 : 아세롤라, 설탕, 럼주 등

중앙아메리카
니카라과
〔니카라과 공화국〕

시를 사랑하는 문화적인 나라
니카라과호는 중앙아메리카에서 가장 큰 호수로, 민물임에도 상어가 살고 있어요. 나라를 대표하는 시인 루벤 다리오를 좋아하며, 행사가 열리면 시를 낭독해요. 니카라과 수화는 1970년대에 자연스럽게 생겨났어요.

- 수도 : 마나과
- 통화 : 코르도바
- 면적 : 13만 370km²
- 인구 : 624만 3천 명
- 인구밀도 : 47.8명/km²
- 언어 : 스페인어(공용어)
- 종교 : 기독교 등
- 주요 특산품 : 커피콩, 소고기, 사탕수수 등

중앙아메리카
세인트루시아

쌍둥이 화산이 상징
서울특별시 면적과 비슷한 정도로 작은 화산섬 국가. 국기에도 그려져 있는 피톤즈라는 이름의 쌍둥이 활화산은 세계자연유산이에요. 토지가 비옥해서 수출용 바나나, 카카오콩, 코코넛 등의 재배가 활발해요.

- 수도 : 캐스트리스
- 통화 : 동카리브 달러
- 면적 : 616km²
- 인구 : 16만 6천 명
- 인구밀도 : 269.4명/km²
- 언어 : 영어(공용어)
- 종교 : 기독교
- 주요 특산품 : 바나나, 카카오콩, 맥주 등

중앙아메리카
벨리즈

인기 있는 다이빙 장소

과테말라의 동쪽에 있으며, 카리브해에 접해 있어요. 세계에서 두 번째로 넓은 산호초 보호 구역이 있으며, 그레이트 블루홀이라 불리는 깊고 파란 바닷속 구멍에는 돌고래들이 살고 있어 함께 수영하는 것이 가능해요.

- 수도 : 벨모판
- 통화 : 벨리즈 달러
- 면적 : 2만 2966km²
- 인구 : 40만 5천 명
- 인구밀도 : 17.6명/km²
- 언어 : 영어(공용어), 스페인어 등
- 종교 : 기독교 등
- 주요 특산품 : 사탕, 바나나, 하바네로, 오렌지주스 등

중앙아메리카
세인트키츠 네비스

2층 열차로 섬 내부를 관광!

카리브해 북동쪽의 세인트키츠섬과 네비스섬으로 이루어져 있어요. 영국 통치의 자치령에서 1983년에 분단 독립했어요. 사탕수수 수송에 사용되던 철도를 2003년부터 2층 관광열차 운행용으로 사용하고 있어요.

- 수도 : 바스테르(세인트키츠섬)
- 통화 : 동카리브 달러
- 면적 : 261km²
- 인구 : 5만 4천 명
- 인구밀도 : 206.8명/km²
- 언어 : 영어(공용어)
- 종교 : 기독교
- 주요 특산품 : 기계류, 우표, 금속제품 등

중앙아메리카
앤티가 바부다

요트가 모이는 리조트 섬

카리브해 북동쪽에 있는 세 개의 작은 섬으로 이루어진 나라. 식민지 시대, 영국이 카리브해를 지배하던 때 거점으로 삼았던 땅이에요. 현존하는 세계에서 가장 오래된 조선소가 있으며, 세계문화유산으로도 지정되었어요. 해안선이 육지로 깊게 파인 만 지형이 많아 요트 정착에 적합하며, 국제대회도 개최되고 있어요.

- 수도 : 세인트존스
- 통화 : 동카리브 달러
- 면적 : 443km²
- 인구 : 9만 9천 명
- 인구밀도 : 223.4명/km²
- 언어 : 영어(공용어)
- 종교 : 기독교
- 주요 특산품 : 레몬과 라임, 어패류, 럼주 등

중앙아메리카
세인트빈센트 그레나딘
〔세인트빈센트 및 그레나딘 제도〕

고령군 면적의 작은 섬나라

카리브해 동부의 600여 개의 섬들로 이루어져 있어요. 어업이 활발하며, 칡가루 생산량이 세계 제일이에요. 2017년에 아가일 국제공항이 개항해 관광업이 성장하고 있어요.

- 수도 : 킹스타운(세인트빈센트섬)
- 통화 : 동카리브 달러
- 면적 : 389km²
- 인구 : 10만 1천 명
- 인구밀도 : 259.6명/km²
- 언어 : 영어(공용어)
- 종교 : 기독교 등
- 주요 특산품 : 바나나, 칡가루①, 참치 등

중앙아메리카
그레나다

향기로운 향신료의 섬

남아메리카 대륙 근처의 그레나다섬과 주변의 작은 섬들로 이루어져 있어요. 국기에도 그려져 있는 육두구를 비롯해 시나몬, 정향 등 향신료의 생산으로 유명해요. 리조트 섬으로도 알려져 있으며, 스포츠로는 크리켓이 인기 있어요.

- 수도 : 세인트조지스
- 통화 : 동카리브 달러
- 면적 : 344km²
- 인구 : 11만 3천 명
- 인구밀도 : 328.4명/km²
- 언어 : 영어(공용어)
- 종교 : 기독교
- 주요 특산품 : 바나나, 카카오콩, 향신료, 어패류 등

중앙아메리카
도미니카 연방

카리브해의 식물원!

카리브해 동부의 화산섬. 아름다운 열대우림이 있는 모르네 트루아 피통 국립공원은 세계자연유산이에요. 희귀한 동식물들의 낙원이며, 세계에서 가장 큰 장수풍뎅이 '헤라클레스 장수풍뎅이' 등이 살고 있어요.

- 수도 : 로조
- 통화 : 동카리브 달러
- 면적 : 751km²
- 인구 : 7만 4천 명
- 인구밀도 : 98.5명/km²
- 언어 : 영어(공용어) 등
- 종교 : 기독교 등
- 주요 특산품 : 바나나, 코코넛, 비누 등

남아메리카
브라질
[브라질 연방 공화국]

- **수도** : 브라질리아
- **통화** : 헤알
- **면적** : 851만 5770km²(한국의 약 85.1배)
- **인구** : 2억 1344만 5천 명
- **인구밀도** : 25명/km²
- **언어** : 포르투갈어(공용어) 등
- **종교** : 기독교 등
- **주요 특산품** : 커피콩①, 오렌지, 고기류, 사탕수수①, 철광석 등
- **주요 무역국** : 중국, 미국 등

금강앵무
중남미의 열대우림에 살고 있는 크고 색이 아름다운 앵무새.

> 큰 울음소리와 긴 꼬리가 자랑이에요.

▍남미 제일의 경제 대국. 축구와 카니발로 유명!

남아메리카 대륙의 동부를 차지하고 있는 대국이에요. 북쪽에는 안데스산맥에서 나온 물이 흘러가는 아마존강이 있으며, 남쪽에는 광활한 브라질고원이 펼쳐져요.

16세기에는 포르투갈의 식민지가 되었었지만 1822년에 독립했어요. 하지만 그 후 오랜 군사 정권이 계속되어, 다시 국민이 국가의 주인이 된 것은 1985년이에요. 과거에는 수도가 대서양 연안의 리우데자네이루였으나 내륙 지방을 발전시키기 위해 고원 지대의 계획도시 브라질리아로 수도를 이전할 계획을 세웠고, 1960년에 완료했답니다.

철광석 매장량이 세계 제일이며 커피콩, 사탕수수, 콩, 오렌지, 소고기, 닭고기를 주로 수출하고 있어요.

- ● **국기의 의미** : 녹색은 삼림 자원, 노란색은 광물 자원, 천구의 안에 있는 27개의 별은 행정구의 수, 문자는 '질서와 진보'를 의미해요.
- ● **이 점이 대단해요!** : 세계에서 축구를 가장 잘하는 축구 강국. 남자 축구는 월드컵에서 최다 우승인 5회 우승을 했어요(2021년 기준).

1분 만에 싹 알아보는 브라질

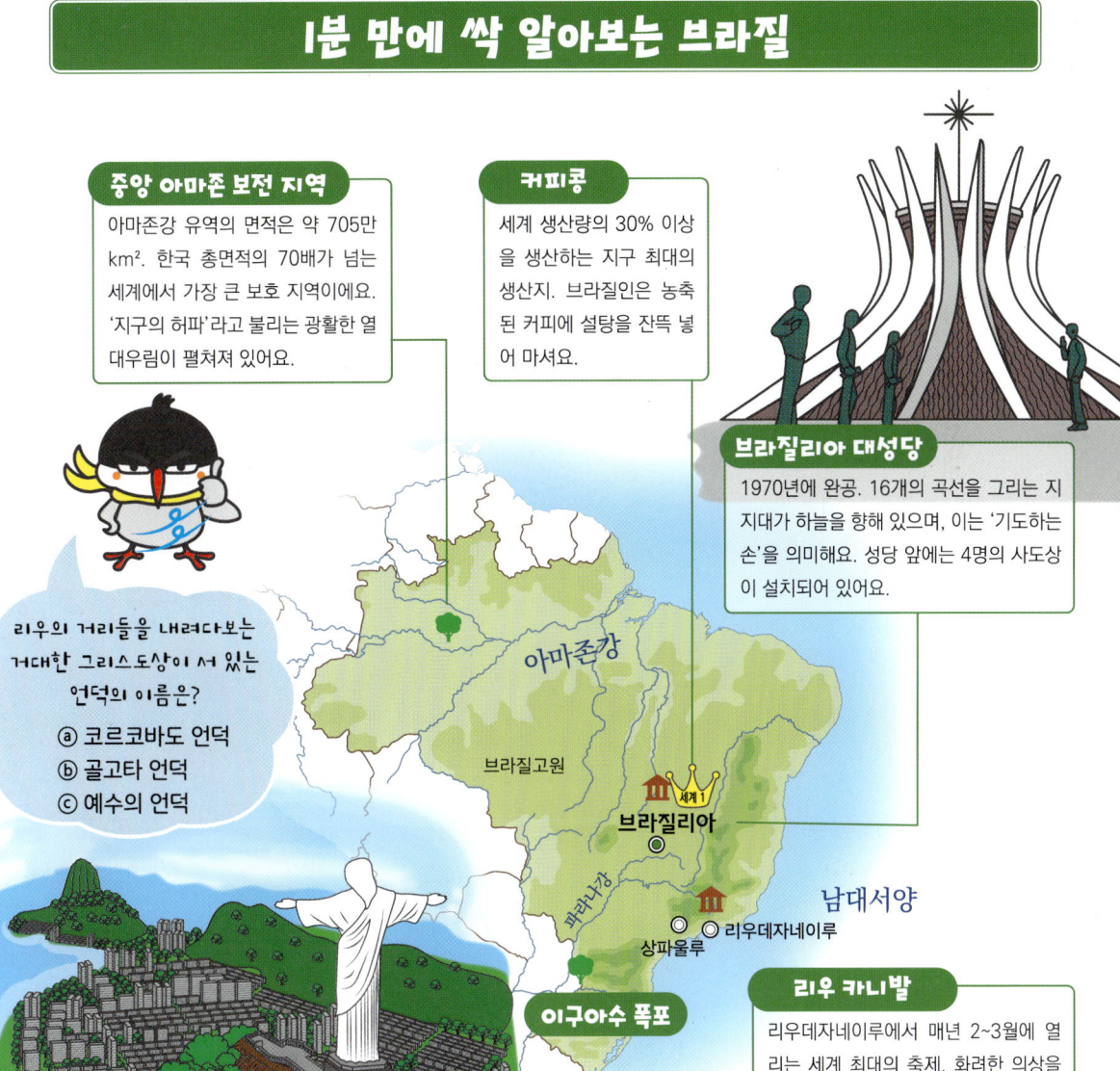

아메리카 — 브라질

중앙 아마존 보전 지역
아마존강 유역의 면적은 약 705만 km². 한국 총면적의 70배가 넘는 세계에서 가장 큰 보호 지역이에요. '지구의 허파'라고 불리는 광활한 열대우림이 펼쳐져 있어요.

커피콩
세계 생산량의 30% 이상을 생산하는 지구 최대의 생산지. 브라질인은 농축된 커피에 설탕을 잔뜩 넣어 마셔요.

브라질리아 대성당
1970년에 완공. 16개의 곡선을 그리는 지지대가 하늘을 향해 있으며, 이는 '기도하는 손'을 의미해요. 성당 앞에는 4명의 사도상이 설치되어 있어요.

리우의 거리들을 내려다보는 거대한 그리스도상이 서 있는 언덕의 이름은?
ⓐ 코르코바도 언덕
ⓑ 골고타 언덕
ⓒ 예수의 언덕

아마존강 / 브라질고원 / 파라나강 / 브라질리아 세계1 / 상파울루 / 리우데자네이루 / 남대서양 / 이구아수 폭포

리우 카니발
리우데자네이루에서 매년 2~3월에 열리는 세계 최대의 축제. 화려한 의상을 입은 댄서가 삼바 리듬에 맞춰 춤추며 거리를 행진해요.

● **한국과의 관계 :** 우리나라에서 브라질에 최초로 정착한 사람은 일본 어선의 선원이었던 분으로 알려져 있는데 1918년에 정착했대요. 2021년 기준 약 3만 명의 교민들이 거주하고 있어요.

● **놀랄 만한 이야기!** 수도 브라질리아는 세계문화유산! 이주 계획을 세우고부터 불과 3년 반 만에 만들어진 참신한 디자인의 거리들이 많아요.

퀴즈의 정답 : ⓐ 코르코바도 언덕. 고도 710m로, 언덕 정상에 서 있는 브라질 독립의 상징인 예수상의 높이는 38m예요.

남아메리카
아르헨티나
[아르헨티나 공화국]

> 축구 강국 아르헨티나 대표팀의 애칭은?
> ⓐ 아주리
> ⓑ 알비셀레스테
> ⓒ 셀레상

아르헨티나 탱고
항구도시 부에노스아이레스의 민족음악이 기원인 정열적인 춤!

수도 : 부에노스아이레스
통화 : 아르헨티나 페소
면적 : 278만 400km²(한국의 약 27.8배)
인구 : 4586만 4천 명
인구밀도 : 16.4명/km²
언어 : 스페인어(공용어), 이탈리아어, 영어, 독일어, 프랑스어 등
종교 : 기독교 등
주요 특산품 : 대두, 옥수수, 밀가루, 소고기, 와인 등
주요 무역국 : 브라질, 중국, 미국, 독일, 칠레 등

남유럽계 사람들이 이민을 와서 유럽 문화와 남미의 느긋한 성격이 잘 융화된 나라

남아메리카 대륙의 남부 동쪽에 위치한 나라. 서쪽에는 안데스산맥이 길게 늘어서 있으며, 동쪽의 라플라타강 유역은 팜파스라고 불리는 대초원이 펼쳐진 세계에서 손꼽히는 농업, 목축 지대예요. 아르헨티나는 스페인의 식민지 시대부터 '세계의 식량 창고'로서 번성해, 많은 유럽인이 이주해 왔답니다.

브라질과의 국경에 있는 세계 최대 크기의 폭포인 이구아수 폭포는 두 나라 모두의 세계자연유산으로 등록되어 있어요. 폭포의 폭은 약 4500m이며, 최대 낙차 약 80m인 이 폭포에서 대량의 물이 굉음을 내며 떨어지는 장소를 '악마의 목구멍'이라고 불러요. 전망대에서 내려다보는 폭포의 광경은 압권이랍니다.

● **국기의 의미** : 하늘색은 아르헨티나의 하늘, 흰색은 라플라타강을 의미해요. 중앙에는 독립혁명의 상징인 '5월의 태양'이 그려져 있어요.
● **이 점이 대단해요!** : 안데스산맥을 달리는 관광열차 '구름기차'의 최고 지점은 고도 4220m나 돼요!

퀴즈의 정답: ⓑ 알비셀레스테. 유니폼 색깔에서 따온 애칭, 스페인어로 '흰색과 하늘색'을 의미해요.

남아메리카
콜롬비아
[콜롬비아 공화국]

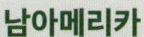

- 수도 : 보고타
- 통화 : 콜롬비아 페소
- 면적 : 113만 8910km²(한국의 약 11.4배)
- 인구 : 5035만 5천 명
- 인구밀도 : 44.2명/km²
- 언어 : 스페인어(공용어)
- 종교 : 기독교 등
- 주요 특산품 : 커피콩, 사탕수수, 에메랄드, 절화 등
- 주요 무역국 : 미국, 중국, 멕시코 등

안데스콘도르
국조. 안데스산맥에 살고 있으며, 하늘을 나는 새 중에서 가장 큰 새 중 하나. 날개를 펼치면 길이가 3m나 돼요.

콜롬비아 전통 수프의 이름은?
ⓐ 아사도
ⓑ 아히아코
ⓒ 아레파

아메리카 | 콜롬비아

● **에메랄드, 금 등의 광물 자원이 풍부! 커피콩과 꽃 생산량은 세계에서 손꼽힐 정도!**

　남아메리카의 북서부에 있으며, 파나마지협을 사이에 두고 북아메리카 대륙과 연결되어 있어요. 스페인으로부터 1819년에 독립하여 한때는 베네수엘라, 파나마, 에콰도르를 포함하는 거대한 나라였지만, 1903년에 지금의 크기로 줄어들게 되었답니다. 국명은 중앙아메리카의 서인도제도에 상륙했던 콜럼버스에서 유래했어요.

　수도 보고타가 있는 안데스 지역의 기후는 커피콩, 꽃 등의 농작물 재배에 적합하며, 특히 카네이션과 장미 생산량이 세계 제일! 크고 색이 선명해요.

● **국기의 의미** : 노란색은 황금 등 광물 자원이 풍부한 대지, 파란색은 두 개의 바다, 빨간색은 독립을 위해 흘린 피와 용기를 나타내요.

● **이 점이 대단해요!** : 에메랄드 생산량이 세계 제일. 투명한 녹색으로 무척이나 질이 좋다고 해요.

퀴즈의 정답: ⓑ 아히아코. 치킨과 감자를 푹 끓이고, 옥수수를 올려요. 아사도는 고기, 아레파는 빵이에요.

남아메리카
칠레
〔칠레 공화국〕

- **수도**: 산티아고
- **통화**: 칠레 페소
- **면적**: 75만 6102km² (한국의 약 7.6배)
- **인구**: 1830만 7천 명
- **인구밀도**: 24.2명/km²
- **언어**: 스페인어(공용어), 영어 등
- **종교**: 기독교
- **주요 특산품**: 구리①, 리튬, 생선 가공품, 와인 등

남북으로 얇고 긴 국토는 자원의 보고
국토의 좌우 폭은 좁은 대신, 남북으로의 길이가 매우 길어요. 북부에 펼쳐진 아타카마 사막은 덥고, 남극에 가까운 남부는 빙하를 볼 수 있을 정도로 추워요. 북부는 구리를 비롯한 지하자원이 풍부하며 중부는 포도 재배가 활발하여 와인으로 유명해요.

남아메리카
베네수엘라
〔베네수엘라 볼리바르 공화국〕

- **수도**: 카라카스
- **통화**: 볼리바르 소베라노※
- **면적**: 91만 2050km² (한국의 약 9.1배)
- **인구**: 2906만 9천 명
- **인구밀도**: 31.8명/km²
- **언어**: 스페인어(공용어)
- **종교**: 기독교
- **주요 특산품**: 석유, 보크사이트, 철광석 등

아름다운 자연과 자원이 풍족한 나라
남아메리카 대륙의 북부에 있으며, 카리브해에 접해 있는 나라예요. 서부의 마라카이보호 주변은 세계 제일의 원유 매장량을 자랑하지만, 석유 가격에 의해 경제가 흔들린다는 단점도 있어요. 남동부에 있는 세계자연유산 '카나이마 국립공원'은 지구 최후의 비경이라 불리며, 아름다운 경관이 펼쳐져 있어요.

남아메리카
페루
〔페루 공화국〕

- **수도**: 리마
- **통화**: 솔
- **면적**: 128만 5216km² (한국의 약 12.8배)
- **인구**: 3220만 1천 명
- **인구밀도**: 25명/km²
- **언어**: 스페인어, 케추아어, 아이마라어(전부 공용어)
- **종교**: 기독교
- **주요 특산품**: 어패류, 은 광석, 아연광석, 구리 등

잉카 제국의 유적 '마추픽추'
중앙의 안데스산맥을 사이에 두고 서부의 태평양 부근에는 사막 지대가 펼쳐져 있으며, 북부는 열대우림에 뒤덮여 있어요. 페루는 12~16세기에 잉카 제국이 번성했던 땅이며 원주민들의 문화가 아직도 남아 있답니다. 공중도시유적 '마추픽추' 및 '나스카 지상화' 등이 세계문화유산으로 등재되어 있어요.

남아메리카
에콰도르
〔에콰도르 공화국〕

- **수도**: 키토
- **통화**: 미국 달러
- **면적**: 28만 3561km² (한국의 약 2.8배)
- **인구**: 1709만 3천 명
- **인구밀도**: 60.2명/km²
- **언어**: 스페인어(공용어)
- **종교**: 기독교
- **주요 특산품**: 바나나, 카카오콩, 커피콩, 어패류, 석유 등

갈라파고스 제도가 있는 적도 바로 아래의 나라
남아메리카 대륙의 북서부에 있으며, 태평양과 접해 있어요. 바나나 생산량이 세계에서 손꼽을 정도이며, 우리나라에도 많이 수출하고 있어요. 다윈의 '진화론'으로 유명한 갈라파고스 제도가 에콰도르에 속하는 땅이에요. 갈라파고스 제도는 갈라파고스땅거북, 바다이구아나 등 희귀한 동식물들의 낙원이에요.

※ 볼리바르 소베라노를 2021년 10월 1일부터 볼리바르 디히탈로 바꾸는 정책을 시행

남아메리카 — 우루과이

〔우루과이 동방 공화국〕

대초원이 있는 목축의 나라

남대서양에 접해 있는, 아르헨티나와 브라질 사이에 있는 나라. 날씨가 따뜻하고 국토의 90%가 목초지예요. 소와 양을 길러 소고기와 양털을 수출하고 있어요. 축구 강국이며, FIFA 월드컵 제1회 대회에서 우승하기도 했어요.

- 수도 : 몬테비데오
- 통화 : 우루과이 페소
- 면적 : 17만 6215km²
- 인구 : 339만 8천 명
- 인구밀도 : 19.2명/km²
- 언어 : 스페인어(공용어)
- 종교 : 기독교
- 주요 특산품 : 소고기, 양털, 목재, 가죽 제품 등

남아메리카 — 가이아나

〔가이아나 공화국〕

남미에서 유일하게 공용어가 영어인 나라

남아프리카 대륙의 북동쪽에 있으며, 북대서양과 접해 있어요. 국토의 80%가 열대우림에 뒤덮여 있으며, 기아나 고지의 카이에투르 폭포가 유명해요. 보크사이트, 금 등의 광물자원도 풍부하며, 최근에는 거대 해저 유전이 발견되었어요.

- 수도 : 조지타운
- 통화 : 가이아나 달러
- 면적 : 21만 4969km²
- 인구 : 78만 7천 명
- 인구밀도 : 3.6명/km²
- 언어 : 영어(공용어)
- 종교 : 기독교, 힌두교 등
- 주요 특산품 : 설탕, 어패류, 보크사이트, 금광석 등

남아메리카 — 볼리비아

〔볼리비아 다민족국〕

안데스에 펼쳐진 천공의 나라

남아메리카 대륙의 중앙에 있어요. 서쪽의 안데스산맥을 따라 해발 4000m의 높이에 고원이 펼쳐져 있으며, 수도 라파스의 고도는 한라산보다도 높아요. 하늘이 지면에 반사되어 '천공의 거울'이라고 불리는 우유니 소금사막이 유명해요.

- 수도 : 라파스※
- 통화 : 볼리비아노
- 면적 : 109만 8581km²
- 인구 : 1175만 8천 명
- 인구밀도 : 10.7명/km²
- 언어 : 스페인어 등 네 개 언어가 공용어
- 종교 : 기독교
- 주요 특산품 : 천연가스, 주석, 아연, 은 광석 등

남아메리카 — 수리남

〔수리남 공화국〕

네덜란드 양식의 구시가지

남아메리카 대륙에서 가장 작은 나라로 국토의 대부분은 열대우림이에요. 광물자원이 풍부해 광물 수출로 경제를 지탱하고 있어요. 어업도 활발해요. 세계문화유산이기도 한 파라마리보 역사 도시 유적이 있어요. 남아메리카의 고유 기술과 네덜란드 양식이 혼재된 건축물들이 많아요.

- 수도 : 파라마리보
- 통화 : 수리남 달러
- 면적 : 16만 3820km²
- 인구 : 61만 4천 명
- 인구밀도 : 3.7명/km²
- 언어 : 네덜란드어(공용어), 영어 등
- 종교 : 기독교, 힌두교 등
- 주요 특산품 : 새우, 목재, 금광석, 보크사이트 등

남아메리카 — 파라과이

〔파라과이 공화국〕

남아메리카의 중심지에 위치한 내륙국

브라질, 볼리비아, 아르헨티나에 둘러싸인 나라예요. 일본계 이민자들이 대두 재배를 확산시켜 농업 발전에 공헌했다고 해요. 아르헨티나로 흐르는 라플라타강의 지류를 이용한 댐은 세계에서 두 번째로 전기를 많이 만들어 내는 댐이에요.

- 수도 : 아순시온
- 통화 : 과라니
- 면적 : 40만 6752km²
- 인구 : 727만 2천 명
- 인구밀도 : 17.8명/km²
- 언어 : 스페인어, 과라니어(둘 다 공용어)
- 종교 : 기독교
- 주요 특산품 : 대두, 소고기, 양고기, 전기

※헌법상은 수크레. 라파스에서 400km 이상 남동쪽에 위치한 옛 도읍 수크레는 세계문화유산.

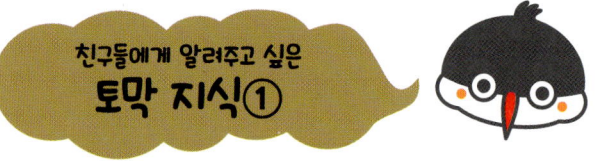

친구들에게 알려주고 싶은 토막 지식 ①

남쪽 끝에 있는 '남극'은 어떤 곳일까?

지구의 가장 남쪽에는 남극 대륙이 있어요. 평균 고도가 약 2200m이며 면적이 오스트레일리아의 두 배나 되는, 세계에서 다섯 번째로 넓은 대륙이랍니다. 땅의 대부분은 1년 내내 눈과 얼음으로 뒤덮여 있어요. 또한 여름에는 태양이 지지 않는 백야, 겨울에는 태양이 뜨지 않는 극야의 기간이 있답니다. 단 북반구와 남반구는 계절이 반대이기에 우리나라와는 계절이 반대예요.

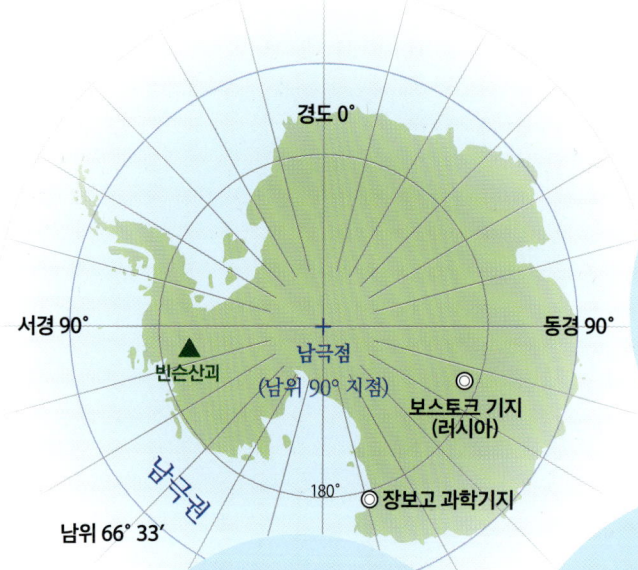

어느 나라가 소유하고 있을까?

어느 나라의 것도 아니에요. 1959년에 남극조약이 체결되어 '어떠한 나라의 영토도 아니다', '각 나라들이 서로 협력하여 조사, 연구를 행한다', '군사 활동을 하지 않는다' 등의 방침을 정했어요. 많은 나라들이 기지를 만들었으며 우리나라는 세종 과학기지, 장보고 과학기지가 있어요.

기온은?

연간 평균 기온(남극점)

약 마이너스 50°C

남극은 지구상에서 가장 추운 곳이에요. 최저기온은 1983년 러시아의 보스토크 기지에서 기록한 -89.2°C예요. 내륙은 눈이 거의 내리지 않으며, 사막처럼 매우 건조해요.

어떤 동물이 있을까?

황제펭귄과 아델리펭귄을 비롯한 많은 종류의 펭귄, 물범과 물개 등이 있어요. 하지만 남극에 북극곰은 없어요.

펭귄은 온난화의 영향으로 먹이가 줄어들어 곤란해하고 있어요!

6장
오세아니아

오세아니아

오스트레일리아 대륙 주변부터 북동쪽에 흩어져 있는 태평양의 섬들은 크게 미크로네시아, 멜라네시아, 폴리네시아의 세 개 지역으로 나눌 수 있어요. 아시아 및 유럽에서 온 사람들이 주로 살며, 섬마다 문화가 달라요.

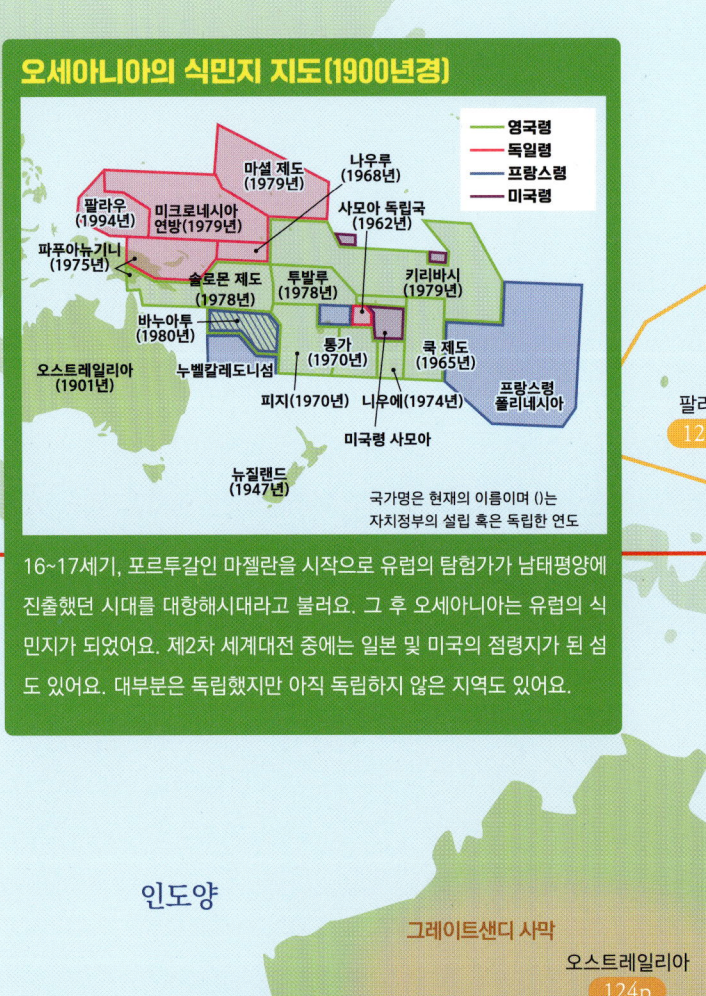

오세아니아의 식민지 지도(1900년경)

- 영국령
- 독일령
- 프랑스령
- 미국령

- 마셜 제도 (1979년)
- 나우루 (1968년)
- 팔라우 (1994년)
- 미크로네시아 연방 (1979년)
- 사모아 독립국 (1962년)
- 파푸아뉴기니 (1975년)
- 솔로몬 제도 (1978년)
- 투발루 (1978년)
- 키리바시 (1979년)
- 바누아투 (1980년)
- 통가 (1970년)
- 쿡 제도 (1965년)
- 오스트레일리아 (1901년)
- 누벨칼레도니섬
- 피지 (1970년)
- 니우에 (1974년)
- 프랑스령 폴리네시아
- 미국령 사모아
- 뉴질랜드 (1947년)

국가명은 현재의 이름이며 ()는 자치정부의 설립 혹은 독립한 연도

16~17세기, 포르투갈인 마젤란을 시작으로 유럽의 탐험가가 남태평양에 진출했던 시대를 대항해시대라고 불러요. 그 후 오세아니아는 유럽의 식민지가 되었어요. 제2차 세계대전 중에는 일본 및 미국의 점령지가 된 섬도 있어요. 대부분은 독립했지만 아직 독립하지 않은 지역도 있어요.

팔라우 129p

인도양

그레이트샌디 사막

오스트레일리아 124p

오스트레일리아 대륙

그레이트빅토리아 사막

아름다운 바다와 전통적인 생활을 계속 지켜 나가고 싶네!

오스트레일리아

오스트레일리아
[오스트레일리아 연방]

- **수도** : 캔버라
- **통화** : 호주 달러
- **면적** : 774만 1220km²(한국의 약 77.4배)
- **인구** : 2580만 9천 명
- **인구밀도** : 39.1명/km²
- **언어** : 영어 등
- **종교** : 기독교 등
- **주요 특산품** : 밀가루, 소고기, 양털, 철광석①, 보크사이트① 등
- **주요 무역국** : 중국, 한국, 일본, 미국 등

캥거루
국민들은 국제대회 때 캥거루가 그려진 깃발을 흔들며 응원해요!

캥거루는 전진밖에 못 하기 때문이래요!

대륙 전체가 하나의 나라. 희귀한 동물이 잔뜩 있어요

오스트레일리아(호주)는 오스트레일리아 대륙과 태즈메이니아섬 등으로 이루어져 있어요. 북부는 열대, 중앙부는 사막이기 때문에 인구 대부분은 바다 근처와 남부의 온대 기후에 모여 산답니다. 남반구에 있기 때문에 계절은 우리나라와 정반대예요.

오래전에 다른 대륙과 떨어졌기 때문에 오리너구리, 캥거루, 코알라 등 오스트레일리아에만 있는 고유한 동물들이 존재해요. 애버리지니라고 불리는 원주민이 살기 시작한 것은 수만 년 전이라고 알려져 있어요. 18세기 말에 영국령이 되었으며, 1901년에 여섯 개의 주가 자치령(오스트레일리아 연방)이 되며 사실상 독립한 상태예요. 광물자원이 풍부하고 관광산업이 발달했어요. 밀가루, 소고기, 양털의 생산도 활발하답니다.

- **국기의 의미** : 영국 국기 아래의 큰 별이 오스트레일리아 연방이에요. 남은 다섯 개의 별은 남십자성을 나타내고 있어요.
- **이 점이 대단해요!** : 다시 되돌아오는 부메랑은 애버리지니가 사냥 도구로서 만들어 낸 것이에요.

1분 만에 싹 알아보는 오스트레일리아

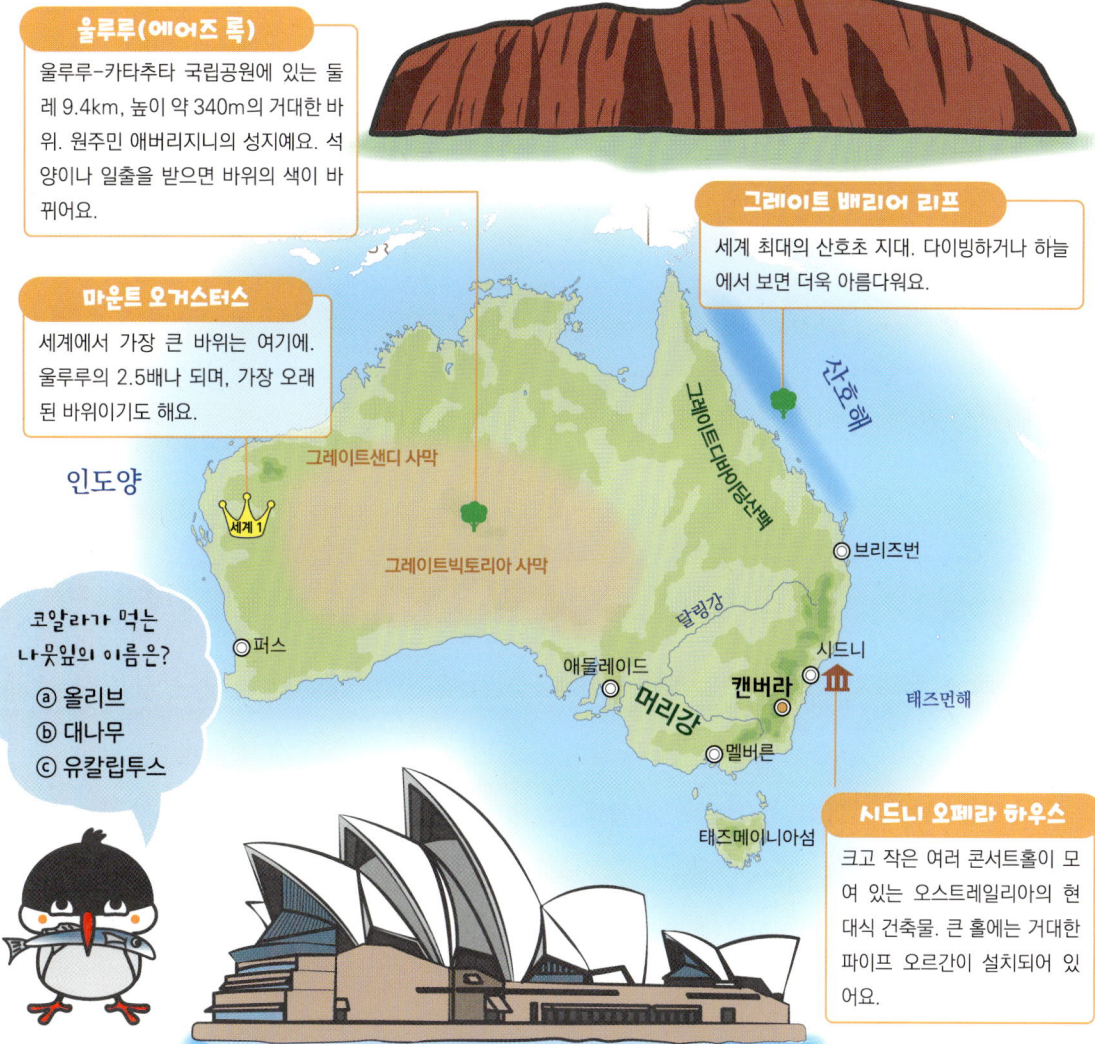

울루루(에어즈 록)
울루루-카타추타 국립공원에 있는 둘레 9.4km, 높이 약 340m의 거대한 바위. 원주민 애버리지니의 성지예요. 석양이나 일출을 받으면 바위의 색이 바뀌어요.

마운트 오거스터스
세계에서 가장 큰 바위는 여기에. 울루루의 2.5배나 되며, 가장 오래된 바위이기도 해요.

그레이트 배리어 리프
세계 최대의 산호초 지대. 다이빙하거나 하늘에서 보면 더욱 아름다워요.

시드니 오페라 하우스
크고 작은 여러 콘서트홀이 모여 있는 오스트레일리아의 현대식 건축물. 큰 홀에는 거대한 파이프 오르간이 설치되어 있어요.

코알라가 먹는 나뭇잎의 이름은?
ⓐ 올리브
ⓑ 대나무
ⓒ 유칼립투스

● **한국과의 관계**: 우리나라와 호주는 예전부터 우호적인 관계였어요. 우리나라 사람들이 어학연수를 많이 가는 나라 중 하나이기도 해요.

● **놀랄 만한 이야기!**: 우리나라의 6~7배나 되는 자외선에 주의! 남극 근처의 오존층 파괴가 원인으로 여겨지고 있어요.

퀴즈의 정답: ⓒ 유칼립투스. 오스트레일리아에서 자라는 상록수. 코알라는 유칼립투스 숲에 살며 하루 종일 나무 위에서 자고 있어요.

뉴질랜드

뉴질랜드

- 수도 : 웰링턴
- 통화 : 뉴질랜드 달러
- 면적 : 26만 8838km²(한국의 약 2.7배)
- 인구 : 499만 1천 명
- 인구밀도 : 18.2명/km²
- 언어 : 영어, 마오리어, 수화(전부 공용어)
- 종교 : 기독교 등
- 주요 특산품 : 소, 우유, 양털, 양고기, 버터 등
- 주요 무역국 : 중국, 오스트레일리아, 미국 등

나라를 대표하는 수출 과일은?
ⓐ 아보카도
ⓑ 키위
ⓒ 망고

키위새

울음소리 때문에 붙은 이름이에요.
수컷이 둥지를 만들고 알을 품으며 육아를 해요.

일본과 형태가 비슷하고 사람보다 양이 많은 나라

국민의 4분의 3이 살고 있는 북섬과 빙하 등의 대자연이 남아 있는 남섬 등으로 이루어져 있어요. 우리나라의 이웃 나라인 일본과 자연환경이 비슷한데, 화산활동에 의한 지진이 많고 온천도 있으며 해양 스포츠와 스키도 즐길 수 있답니다.

섬 고유의 날지 못하는 새 키위새가 국조예요. 세계 최강이라 불리는 럭비 대표팀 '올블랙스'는 시합 전에 원주민 마오리족에 전해지는 전사의 춤 '하카'를 추는 것으로 알려져 있어요.

낙농업이 활발하며 국토의 40% 이상이 목축지이고, 양과 소의 수가 인구의 6배 정도로 많아요. 유제품, 양털, 소와 양고기 등이 주요 수출품이에요.

● **국기의 의미** : 영국 국기가 있으며 네 개의 별이 남십자성을 나타내요. 오스트레일리아의 국기보다 빠른 1902년에 만들어졌어요.

● **이 점이 대단해요!** : 수화를 2006년에 세계 최초로 공용어로 지정한 사회복지 선진국이에요.

퀴즈의 정답 : ⓑ 키위. 중국에서 자라던 과일을 개량해서 수출을 시작했을 때 키위라고 이름 지었어요.

멜라네시아
파푸아뉴기니
〔파푸아뉴기니 독립국〕

- 수도 : 포트모르즈비   통화 : 키나
- 면적 : 46만 2840km²(한국의 약 4.6배)
- 인구 : 739만 9천 명   인구밀도 : 18.6명/km²
- 언어 : 피진영어※, 영어, 모투어(전부 공용어) 등
- 종교 : 기독교 등
- 주요 특산품 : 커피콩, 바닐라 빈, 천연가스, 금광석 등

국기에 그려진 새는 극락조
뉴기니섬은 세계에서 두 번째로 큰 섬이며, 파푸아뉴기니는 섬의 동쪽 절반과 주변의 600개 정도의 섬들로 이루어져 있어요. 천연자원이 풍부해 경제 성장이 기대되는 나라예요. 국토의 80%가 열대우림으로, 화려한 극락조와 세계에서 가장 큰 날개를 가진 나비 알렉산드라비단제비나비가 있어요.

※ 피진영어 : 현지의 언어와 융합된 영어를 말해요. 언어가 다른 민족끼리 의사소통을 하기 위해 생겨어요.

멜라네시아
피지
〔피지 공화국〕

- 수도 : 수바(경상북도와 비슷)   통화 : 피지 달러
- 면적 : 1만 8274km²
- 인구 : 93만 9천 명   인구밀도 : 48.3명/km²
- 언어 : 피지어, 영어, 힌디어(전부 공용어)
- 종교 : 기독교, 힌두교, 이슬람교
- 주요 특산품 : 사탕수수, 참치, 가다랑어, 의류품 등

남태평양의 낙원 리조트
330개 정도의 화산섬과 산호초로 이루어진 나라. 화산암에 의해 여과된 지하수 피지워터는 1996년에 미국 기업이 처음으로 발견해 지금은 전 세계에 수출하고 있어요. 19세기에 사탕수수 재배를 위해서 이주된 인도계 주민이 인구의 40% 정도를 차지하고 있어요.

멜라네시아
솔로몬 제도

- 수도 : 호니아라(과달카날섬)   통화 : 솔로몬 제도 달러
- 면적 : 2만 8896km²(경상도와 비슷)
- 인구 : 69만 명   인구밀도 : 22.6명/km²
- 언어 : 영어(공용어), 피진어(솔로몬 제도를 중심으로 하는 공용어)
- 종교 : 기독교
- 주요 특산품 : 카카오콩, 가다랑어, 참치, 목재 등

75년 전 전쟁의 불발탄이 지금도 남아 있어요
크고 작은 1000개 이상의 화산섬들로 이루어져 있어요. 16세기 대항해시대 때 스페인 탐험가가 과달카날섬에서 사금을 발견해, 구약성경에 적힌 '솔로몬 왕의 보물'이라고 불렸던 것이 국명의 유래예요. 제2차 세계대전 때 일본군에 점령되어 일본과 미국의 격전지가 되었었어요.

멜라네시아
바누아투
〔바누아투 공화국〕

- 수도 : 포트빌라(에파테섬)   통화 : 바투
- 면적 : 1만 2189km²(전라남도와 비슷)
- 인구 : 30만 3천 명   인구밀도 : 24명/km²
- 언어 : 피진영어, 영어, 프랑스어(전부 공용어)
- 종교 : 기독교 등
- 주요 특산품 : 코코넛, 카카오콩, 가다랑어, 참치 등

나라 이름은 '우리 땅'이라는 뜻
80개 정도의 섬들로 이루어져 있으며, 영국과 프랑스의 공동 통치로부터 1980년에 독립했어요. 세계에서 가장 화구와 가까이 갈 수 있는 활화산을 비롯해 섬마다 볼거리가 많아, 관광업에 힘을 쏟고 있어요. 번지 점프는 펜타코스트섬의 성인 의식이 기원이라고 알려져 있어요.

오세아니아 — 멜라네시아

오세아니아

폴리네시아
사모아
〔사모아 공화국〕

- 수도 : 아피아
- 통화 : 탈라
- 면적 : 2831km² (제주도의 약 1.5배)
- 인구 : 20만 4천 명
- 인구밀도 : 68.9명/km²
- 언어 : 사모아어, 영어(둘 다 공용어)
- 종교 : 기독교
- 주요 특산품 : 참치, 가다랑어, 코코넛, 주스 등

1962년에 '서사모아'로서 독립

사모아 제도 서부의 우폴루섬과 사바이섬 등으로 이루어져 있으며, 1997년에 현재의 사모아라는 이름이 되었어요(제도 동부는 미국령 사모아). 1860년대에 포경선의 기항지로서 번성했던 도시 아피아에는 해양 모험소설 『보물섬』을 쓴 영국인 로버트 루이스 스티븐슨이 살았으며, 그의 무덤이 존재해요.

폴리네시아
쿡 제도
UN 미가맹

- 수도 : 아바루아(라로통가섬)
- 통화 : 뉴질랜드 달러
- 면적 : 236km² (경상남도 통영시와 비슷)
- 인구 : 8천 명
- 인구밀도 : 80.5명/km²
- 언어 : 쿡 제도 마오리어, 영어(둘 다 공용어)
- 종교 : 기독교
- 주요 특산품 : 참치, 진주, 산호 등

세계에서 가장 큰 해양 보호 구역

산호초로 이루어진, 고도가 낮은 북쿡 제도의 여섯 개 섬과, 일곱 개의 화산섬이 있는 남쿡 제도의 아홉 개 섬으로 이루어져 있어요. 수도가 있는 라로통가섬이 가장 큰 화산섬으로, 그 아름다움으로 인해 '태평양의 진주'라고 불린답니다. 인구의 90%가 남쿡 제도에 살며, 관광업이 주요 산업이에요.

폴리네시아
통가
〔통가 왕국〕

- 수도 : 누쿠알로파
- 통화 : 팡가(통가타푸섬)
- 면적 : 747km² (부산광역시와 비슷)
- 인구 : 10만 5천 명
- 인구밀도 : 137.9명/km²
- 언어 : 통가어, 영어(둘 다 공용어)
- 종교 : 기독교
- 주요 특산품 : 호박, 코코넛, 바닐라 빈, 참치 등

『걸리버 여행기』 속 거인국의 모델

170여 개의 섬들로 이루어져 있으며, 왕권을 토대로 의회정치가 행해지고 있어요. 아직도 귀족과 평민이 구별되는 신분제 사회여서 이로 인한 문제를 시민들이 제기하고 있어요. 단호박이 엄청 크기로 유명해요.

미크로네시아
미크로네시아 연방

- 수도 : 팔리키르(폰페이섬)
- 통화 : 미국 달러
- 면적 : 702km² (부산광역시와 비슷)
- 인구 : 10만 1천 명
- 인구밀도 : 161.4명/km²
- 언어 : 영어(공용어) 외 여덟 개의 민족 언어
- 종교 : 기독교
- 주요 특산품 : 코코넛, 바나나, 참치, 가다랑어 등

일본, 미국과 깊은 관계에 있어요

적도 가까이에 있는 600여 개의 섬들로 이루어져 있어요. 국토 면적은 작지만, 해역은 태평양의 섬나라 중 가장 넓은 편이에요. 가다랑어와 참치가 많이 잡히며, 외국 어선들에게 어장의 자릿세를 받는 것이 주된 수입원이에요. 서부의 야프섬에서는 지금도 큰 돌돈이 결혼이나 출산을 축하하는 용도로 사용되고 있어요.

미크로네시아
팔라우

〔팔라우 공화국〕

제2차 세계대전 때 일본이 통치했던 나라

경기도의 남양주시와 비슷한 면적이에요. 제2차 세계대전 종전까지 25년간 일본이 점령했었기 때문에 지금도 간단한 일본어가 통해요. 폭포, 유적 등의 볼거리가 많아요.

- 수도 : 응게룰무드
- 통화 : 미국 달러
- 면적 : 459km²
- 인구 : 2만 1천 명
- 인구밀도 : 39.1명/km²
- 언어 : 팔라우어, 영어 (둘 다 공용어) 등
- 종교 : 기독교 등
- 주요 특산품 : 가다랑어, 참치 등

미크로네시아
나우루
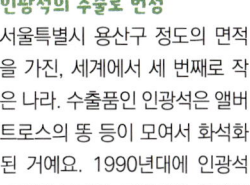
〔나우루 공화국〕

인광석의 수출로 번성

서울특별시 용산구 정도의 면적을 가진, 세계에서 세 번째로 작은 나라. 수출품인 인광석은 앨버트로스의 똥 등이 모여서 화석화된 거예요. 1990년대에 인광석 고갈이 문제가 되었지만 현재까지도 채굴을 조금씩 하고 있어요.

- 수도 : 야렌
- 통화 : 호주 달러
- 면적 : 21km²
- 인구 : 9천 명
- 인구밀도 : 523.8명/km²
- 언어 : 나우루어(공용어), 영어
- 종교 : 기독교
- 주요 특산품 : 코코넛, 인광석 등

오세아니아

미크로네시아 / 폴리네시아

미크로네시아
마셜 제도
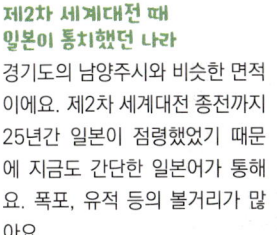
〔마셜 제도 공화국〕

아름다운 산호초가 가득

많은 산호초가 고리처럼 줄지어 있어서 '진주 목걸이'라고 불리는 나라. 제2차 세계대전 이후, 미국이 비키니 환초에서 수소폭탄 실험을 했었어요.

- 수도 : 마주로
- 통화 : 미국 달러
- 면적 : 180km²
- 인구 : 7만 8천 명
- 인구밀도 : 322.2명/km²
- 언어 : 마셜어, 영어(둘 다 공용어)
- 종교 : 기독교
- 주요 특산품 : 코코넛, 참치 등

폴리네시아
투발루

수몰 위기에 처한 나라

앨리스 제도의 아홉 개 섬으로 이루어져 있어요. 길버트 제도(현 키리바시)와 함께 영국령이었으나, 문화의 차이로 인해 분리, 투발루라는 이름으로 독립했답니다. 외국 어선에게 어장을 빌려 주고 받는 돈, 우표 및 코인 판매가 주된 수입원이에요.

- 수도 : 푸나푸티
- 통화 : 호주 달러
- 면적 : 26km²
- 인구 : 1만 1천 명
- 인구밀도 : 461.5명/km²
- 언어 : 투발루어, 영어 (둘 다 공용어) 등
- 종교 : 기독교
- 주요 특산품 : 코코넛, 참치, 우표 등

미크로네시아
키리바시

〔키리바시 공화국〕

세계에서 날짜가 가장 빨리 변하는 나라

길버트 제도, 피닉스 제도, 라인 제도로 이루어져 있으며, 해역의 넓이가 세계에서 세 번째로 넓어요. 지구온난화에 의한 해수면 상승으로 국토가 수몰될 위기에 있으며, 2007년에 전 국민의 타국 이주 계획을 발표했어요.

- 수도 : 타라와
- 통화 : 호주 달러
- 면적 : 811km²
- 인구 : 11만 3천 명
- 인구밀도 : 143.2명/km²
- 언어 : 키리바시어, 영어 (둘 다 공용어)
- 종교 : 기독교 등
- 주요 특산품 : 코코넛, 참치, 가다랑어 등

폴리네시아
니우에

UN 미가맹

사이클론이 지나가는 길

세계에서 두 번째로 인구가 적은 섬나라. 뉴질랜드의 지원을 받아 농특산품 수출과 관광에 힘을 쏟고 있어요. 우리나라는 2023년에야 수교를 했어요.

- 수도 : 알로피
- 통화 : 뉴질랜드 달러
- 면적 : 260km²
- 인구 : 2천 명
- 인구밀도 : 6.2명/km²
- 언어 : 니우에어, 영어 (둘 다 공용어)
- 종교 : 기독교
- 주요 특산품 : 코코넛, 타로 토란, 바닐라 빈 등

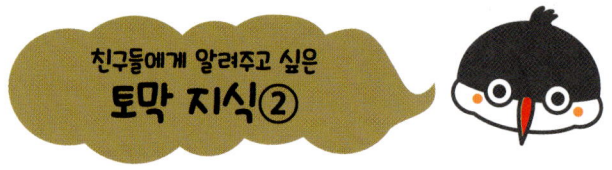

친구들에게 알려주고 싶은 토막 지식 ②

◆◆◆ 북쪽 끝에 있는 '북극'은 어떤 곳일까? ◆◆◆

지구의 가장 북쪽에 있는 북극점은, 얼음 바다(북극해)의 위에 있어요. 북극권에는 유라시아 대륙과 아메리카 대륙의 북부, 그린란드 등이 포함되며 사미인, 이누이트 등의 원주 민족이 살고 있답니다. 과거에는 계절별로 거처를 이동하며 물범 등을 사냥하는 수렵 생활을 했으나 현재는 대부분의 원주민들이 정착해 있어요.

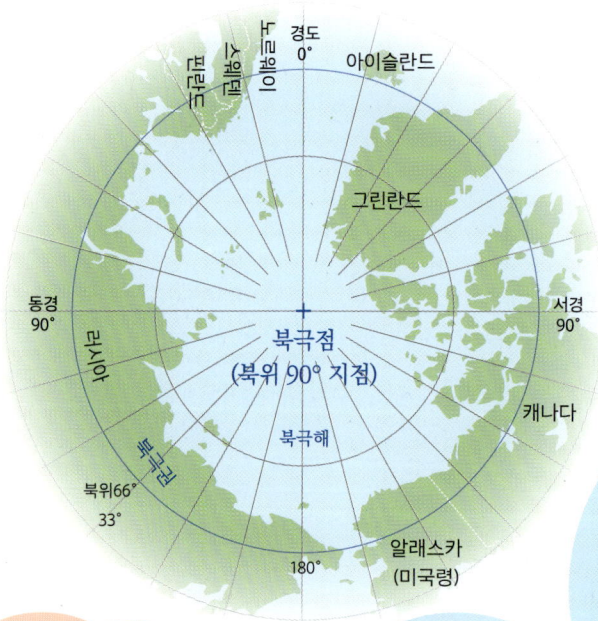

어느 나라의 소유일까?
캐나다, 미국, 러시아, 아이슬란드, 노르웨이, 스웨덴, 핀란드, 덴마크 여덟 개 국가가 북극권에 영토를 소유하고 있어요.

기온은?
연평균 기온 (북극점)
약 -18°C

북극은 남극만큼 춥지는 않아요. 남극과 동일하게 여름에는 해가 지지 않는 백야, 겨울에는 태양이 뜨지 않는 극야의 기간이 있답니다.

어떤 동물이 있을까?
북극곰, 물범, 해마, 순록, 북극여우 등이 있어요. 북극에 펭귄은 없어요.

북극해의 얼음이 점점 녹아서 북극곰이 지낼 장소가 좁아지고 있어요!

7장
세계 나라들의 순위 매기기!

면적 순위

러시아가 압도적으로 넓어요!

러시아는 전 세계에서 면적이 압도적으로 넓어요. 그러나 국토의 대부분이 한대, 냉대(아한대) 기후이기 때문에 그곳에는 사람이 거의 살고 있지 않아요. 한편 바티칸 시국(인천의 월미도보다 작아요)과 같이 무척 작은 나라도 있어요.

면적이 넓은 나라 TOP 10

순위	국명(지역)	면적
1위	**러시아**(동유럽)	1709만 8242km²
2위	**캐나다**(북아메리카)	998만 4670km²
3위	**미국**(북아메리카)	983만 3517km²
4위	중국(동아시아)	959만 6960km²
5위	브라질(남아메리카)	851만 5770km²
6위	오스트레일리아(오세아니아)	774만 1220km²
7위	인도(남아시아)	328만 7263km²
8위	아르헨티나(남아메리카)	278만 400km²
9위	카자흐스탄(중앙아시아)	272만 4900km²
10위	알제리(북아프리카)	238만 1740km²

Top 10의 나라들이 세계 면적의 절반 이상을 차지하고 있어요!

면적이 좁은 나라 TOP 5

순위	국명(지역)	면적
1위	**바티칸 시국**(남유럽)	0.44km²
2위	**모나코**(서유럽)	2km²
3위	**나우루**(미크로네시아)	21km²
4위	투발루(폴리네시아)	26km²
5위	산마리노(남유럽)	61km²

모나코는 인구밀도가 세계에서 가장 높아요! 1km²에 1만 5500명이나 살고 있어요!

인구 순위

중국과 인도가 TOP 2!

세계 총인구는 약 77억 7천만 명(2021년 기준)이에요. 2030년에는 85억 명, 2050년에는 97억 명이 될 것이라 보고 있어요. 인구증가량이 높은 나라는 인도와 아프리카의 나라들이에요.

인구가 많은 나라 TOP 10

순위	국명(지역)	추계인구 (2021년 7월 기준)	인구증가율 (2021년 기준)
1위	중국(동아시아)	13억 9789만 명	0.26%
2위	인도(남아시아)	13억 3933만 명	1.04%
3위	미국(북아메리카)	3억 3499만 명	0.70%
4위	인도네시아(동남아시아)	2억 7512만 명	0.81%
5위	파키스탄(남아시아)	2억 3818만 명	1.99%
6위	나이지리아(서아프리카)	2억 1946만 명	2.53%
7위	브라질(남아메리카)	2억 1344만 명	0.65%
8위	방글라데시(남아시아)	1억 6409만 명	0.95%
9위	러시아(동유럽)	1억 4232만 명	-0.20%
10위	멕시코(중앙아메리카)	1억 3020만 명	1.04%

(1만 명 미만은 버림)

아시아가 세계 인구의 60%를 차지하며, 6대륙 중 최고예요!

인구가 적은 나라 TOP 5

순위	국명(지역)	추계인구 (2021년 7월 기준)	인구증가율 (2021년 기준)
1위	바티칸 시국(남유럽)	800명	—
2위	니우에(폴리네시아)	2000명	-0.03%
3위	쿡 제도(폴리네시아)	8000명	-2.46%
4위	나우루(미크로네시아)	9000명	0.42%
5위	투발루(폴리네시아)	11000명	0.85%

※바티칸 시국은 2020년 기준.

2~5위는 오세아니아의 작은 섬나라가 독점?!

경제력 순위 — 돈을 많이 버는 나라는?

경제 활동의 크기를 보면 나라가 얼마나 잘 사는지를 알 수 있어요. 하지만 그것이 국민 개개인의 풍요로움과 꼭 일치하지는 않아요. 정말로 풍족하게 잘 사는 나라인지 생각해 보는 것도 중요해요!

국민총소득(GNI)이 높은 나라 TOP 10 (2019년)

순위	국명(지역)	국민총소득(GNI)
1위	미국	2168억 4492만 달러
2위	중국	1430억 9117만 달러
3위	일본	526억 6311만 달러
4위	독일	396억 6094만 달러
5위	인도	285억 8988만 달러
6위	영국	277억 8815만 달러
7위	프랑스	277억 1810만 달러
8위	이탈리아	202억 765만 달러
9위	브라질	179억 8793만 달러
10위	캐나다	171억 8475만 달러

선진국은 돈을 잔뜩 벌어들인다는 말이에요.

국민총소득(GNI)이 뭘까?

국내에서 1년간 만들어진 상품과 서비스의 금액 합계를 국내총생산(GDP)이라고 해요. 거기에 그 나라의 기업이나 국민이 해외에서 벌어들인 수입을 더한 금액을 국민총소득(GNI)이라고 부른답니다. 즉, 전 국민이 1년간 벌어들인 수입의 합계가 국민총소득이에요.

1인당 국민총소득(GNI)이 높은 나라 TOP 10 (2019년)

순위	국명	1인당 국민총소득(GNI)
1위	스위스	8만 5718달러
2위	노르웨이	7만 8185달러
3위	룩셈부르크	7만 3565달러
4위	아이슬란드	7만 2716달러
5위	미국	6만 5897달러
6위	카타르	6만 3225달러
7위	아일랜드	6만 3159달러
8위	덴마크	6만 2449달러
9위	싱가포르	5만 8187달러
10위	스웨덴	5만 4226달러

국민 1인당으로 하면 미국은 5위로 하락!

인간개발지수(HDI)를 보면, 국민들이 정말로 풍요롭게 사는지를 알 수 있다?

인간개발지수(HDI)란 건강, 교육, 돈의 측면에서 국민 생활이 얼마나 풍족한지를 측정하는 지표이며, 평균 수명, 교육 수준(성인 문맹률과 취학률), 국민총소득(GNI)을 바탕으로 산출해요. 1에 가까울수록 국민의 인간개발이 잘 진행되고 있는 나라로, 즉 국민이 풍요롭게 생활할 수 있는 선택지가 여러 개 있는 나라라고 생각할 수 있답니다.

■ 인간개발지수 순위(2019년)

순위		나라, 지역	인간개발지수
TOP 10	1위	노르웨이	0.957
	2위	아일랜드	0.955
	2위	스위스	0.955
	4위	홍콩	0.949
	4위	아이슬란드	0.949
	6위	독일	0.947
	7위	스웨덴	0.945
	8위	오스트레일리아	0.944
	8위	네덜란드	0.944
	10위	덴마크	0.940

여덟 개 나라가 유럽!

17위 미국 0.926

순위		나라, 지역	인간개발지수
WORST 10	180위	에리트레아	0.459
	181위	모잠비크	0.456
	182위	부르키나파소	0.452
	182위	시에라리온	0.452
	184위	말리	0.434
	185위	부룬디	0.433
	185위	남수단	0.433
	187위	차드	0.398
	188위	중앙아프리카공화국	0.397
	189위	니제르	0.394

WORST 10은 전부 아프리카 나라!

자연 순위

세계의 여러 자연환경을 비교해 보자!

높은 산, 긴 강, 넓은 호수, 폭포 등 세계에는 깜짝 놀랄 만한 자연이 잔뜩 있어요. 세계에서 가장 큰 산과 강의 이름, 높이와 거리, 그리고 어느 나라에 있는지를 외워 봐요!

세계의 산 높이 TOP 10

순위	산 이름(산맥 이름)	고도
세계1위	에베레스트(히말라야산맥)	8848m
2위	K2(카라코람산맥)	8611m
3위	칸첸중가(히말라야산맥)	8586m
4위	로체(히말라야산맥)	8516m
5위	마칼루(히말라야산맥)	8463m
6위	초오유(히말라야산맥)	8201m
7위	다울라기리(히말라야산맥)	8167m
8위	마나슬루(히말라야산맥)	8163m
9위	낭가 파르바트(히말라야산맥)	8126m
10위	안나푸르나(히말라야산맥)	8091m

역시 세계의 지붕, 히말라야산맥이 독점했어요!

■ 세계 각지의 최고봉

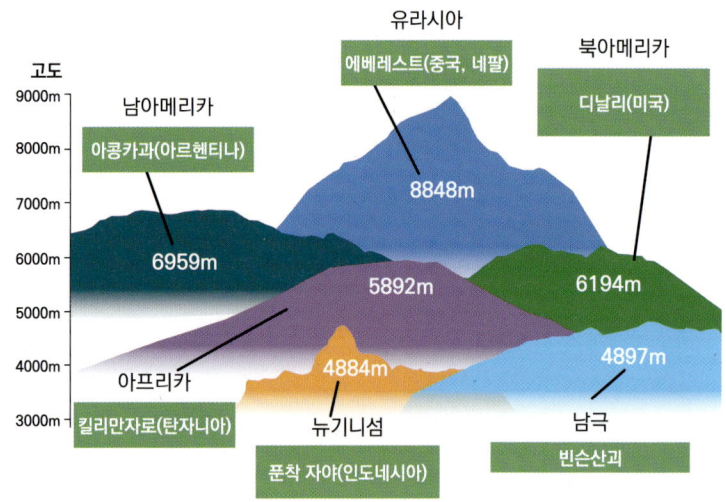

카스피해는 한국의 3배가 넘는 크기! 바다 같은 넓이예요!

나일강의 길이는 한국에서 가장 긴 낙동강의 13배나 된대요!

세계의 호수 크기 TOP 10

순위	호수 이름(대륙)	넓이
세계 1위	카스피해(유라시아)	37만 4000km²
2위	슈피리어호※(북아메리카)	8만 2367km²
3위	빅토리아호(아프리카)	6만 8800km²
4위	휴런호※(북아메리카)	5만 9570km²
5위	미시간호※(북아메리카)	5만 8016km²
6위	탕가니카호(아프리카)	3만 2000km²
7위	바이칼호(유라시아)	3만 1500km²
8위	그레이트베어호(북아메리카)	3만 1153km²
9위	그레이트슬레이브호(북아메리카)	2만 8568km²
10위	이리호※(북아메리카)	2만 5821km²

※ : 오대호

세계의 강 길이 TOP 10

순위	하천 이름(하구가 있는 나라)	길이
세계 1위	나일강(이집트)	6695km
2위	아마존강(브라질)	6516km
3위	장강(=양쯔강)(중국)	6380km
4위	미시시피, 미주리강(미국)	5969km
5위	오비강(러시아)	5568km
6위	예니세이강(러시아)	5550km
7위	황허(중국)	5464km
8위	콩고강(콩고)	4667km
9위	라플라타강(아르헨티나, 우루과이)	4500km
10위	아무르강(러시아)	4416km

하천의 길이는 자료나 측정 방법에 따라 차이가 있어요.

세계 폭포들의 순위!

■ 물의 양이 많은 폭포

세계 1위 나이아가라 폭포(캐나다, 미국) 1초에 최대 3000톤

※물의 양은 계절에 따라 크게 변화해요. 빅토리아 폭포(짐바브웨, 잠비아)가 세계 1위라고 불리기도 해요.

■ 낙차가 큰 폭포

세계 1위 앙헬 폭포(베네수엘라) 979m

■ 폭이 넓은 폭포

세계 1위 이구아수 폭포(아르헨티나, 브라질) 4500m

지진 순위

'지각판'이 키워드예요!

지진이 많이 발생하고 있는 지역은 지구의 표면을 덮는 각각의 지각판이 접해 있는 부분이에요. 또한 한 개의 지각판 안에서 지진이 발생하는 경우도 있답니다.

세계의 대지진 TOP 12

순위	진도	발생 장소(나라)	발생일
1위	9.5	① 발디비아(칠레)	1960년 5월 23일
2위	9.2	② 알래스카만(미국)	1964년 3월 28일
3위	9.1	③ 수마트라섬 서부 해안 (인도네시아)	2004년 12월 26일
4위	9.0	④ 캄차카반도(러시아)	1952년 11월 5일
4위	9.0	⑤ 도호쿠 지방 태평양만(일본)	2011년 3월 11일
6위	8.8	⑥ 에콰도르 해안(에콰도르 등)	1906년 2월 1일
6위	8.8	⑦ 칠레 콘셉시온 북동부 해역 (칠레)	2010년 2월 27일
8위	8.7	⑧ 알래스카, 알류샨 열도 (알래스카)	1965년 2월 4일
9위	8.6	⑨ 티베트, 아삼(중국, 인도 등)	1950년 8월 15일
9위	8.6	⑩ 알래스카, 알류샨 열도 (알래스카)	1957년 3월 9일
9위	8.6	⑪ 수마트라섬 북부 (인도네시아 등)	2005년 3월 29일
9위	8.6	⑫ 수마트라섬 아체 주 남서쪽 해상 (인도네시아 등)	2012년 4월 11일

1900년 이후에 발생한 대지진이에요. 칠레와 인도네시아도 대지진이 많이 일어나네요.

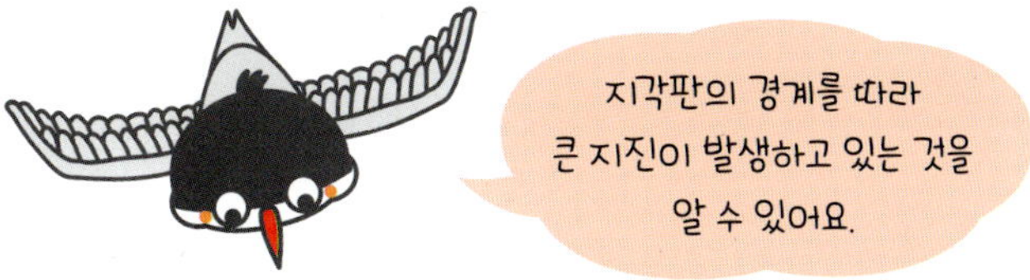
지각판의 경계를 따라
큰 지진이 발생하고 있는 것을
알 수 있어요.

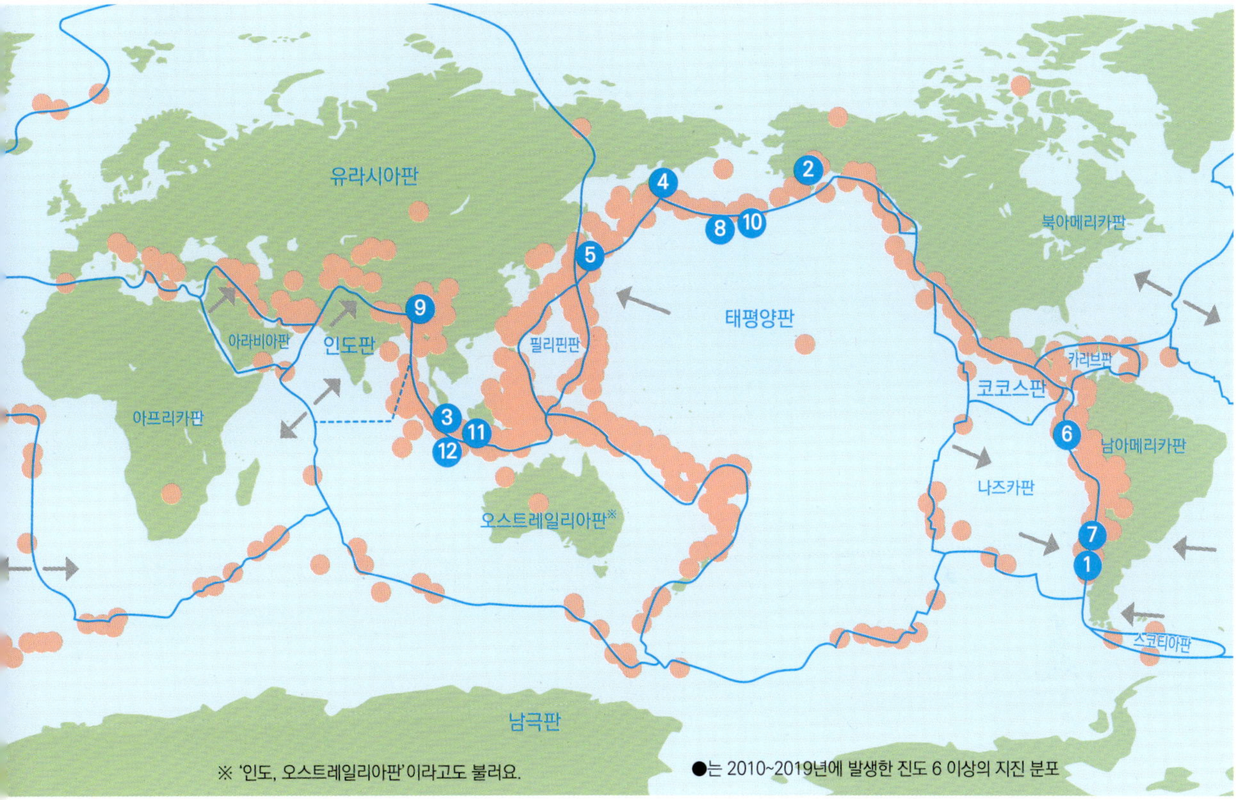
유라시아판
북아메리카판
태평양판
필리핀판
아라비아판
인도판
아프리카판
카리브판
코코스판
남아메리카판
나즈카판
오스트레일리아판※
스코티아판
남극판
1
2
3
4
5
6
7
8
9
10
11
12
※ '인도, 오스트레일리아판'이라고도 불러요.
●는 2010~2019년에 발생한 진도 6 이상의 지진 분포

지각판이란 뭘까?

지각판이란 지구의 표면을 덮는, 두께 10~200km의 암석으로 되어 있는 층을 말해요. 층은 열 몇 장으로 나뉘어 있으며 1년에 수 cm의 속도로 천천히 이동하고 있답니다. 서로 밀거나 파고 들어가거나 하면서 지각판이 어긋나게 되면, 그 경계에서 지진이 발생해요.

지구온난화 순위 — 이산화탄소가 문제야!

지구온난화란, 지구의 평균기온이 급속도로 상승하는 것을 말해요. 그로 인해 자연환경 및 사람들의 생활에 여러 영향을 미쳐요.

지구온난화의 원인

지구는 태양열로 인해 따듯하게 유지되고 있어요. 따듯해지며 지표면에서 나오는 열은 우주로 방출되지만, 일부는 지구의 주위를 둘러싸고 있는 대기에 흡수되어 다시 지표면으로 돌아가게 돼요.

지구는 열의 방출과 흡수의 균형이 맞춰져 평균기온 약 15℃를 유지하며, 생물이 살아가는 데 적합한 환경을 유지하고 있어요. 그러나 대기의 온실가스※가 늘어나면 흡수되는 열이 많아져, 지구의 기온이 상승하게 돼요. 이것이 지구온난화입니다.

지구온난화에 가장 큰 영향을 미치고 있는 온실가스는 이산화탄소(CO_2)예요. 최근 수십 년간, 지구의 기온은 계속 오르기 시작해 지난 100년간 0.72℃가 올랐다고 해요. 이대로 이산화탄소를 계속해서 배출하게 된다면, 2100년에는 최대 4.8℃가 오를 것이라고 예상해요.

※온실가스는 이산화탄소(CO_2), 메탄(CH_4), 일산화탄소(N_2O) 등 여섯 종류의 가스로 이루어져 있어요.

이 10개 나라만으로도 총 배출량의 66%를 차지하고 있어요. 이 나라들의 책임이 무거워요.

이산화탄소 배출량이 많은 나라 TOP 10 (2018년)

순위	국명	이산화탄소 배출량
1위	중국	95억 7080만 톤
2위	미국	49억 2110만 톤
3위	인도	23억 780만 톤
4위	러시아	10억 5870만 톤
5위	일본	10억 8070만 톤
6위	인도	6억 9610만 톤
7위	한국	6억 580만 톤
8위	이란	5억 7960만 톤
9위	캐나다	5억 6520만 톤
10위	인도네시아	5억 4290만 톤

전 세계의 이산화탄소 총배출량 약 335억 톤

주요 나라들의 이산화탄소 배출 비율과 각 나라 1인당 배출량의 비교(2018년)

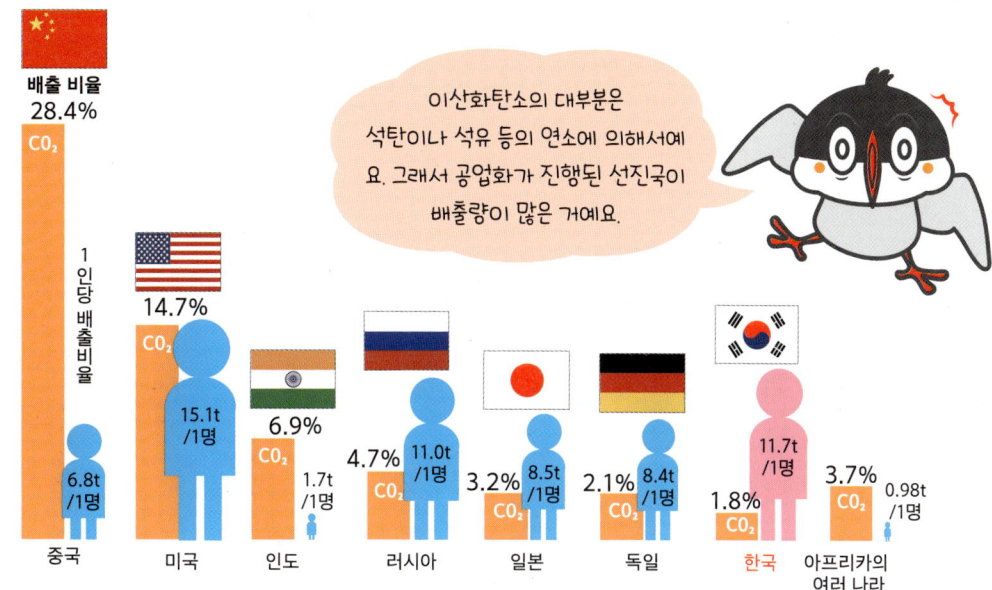

이산화탄소의 대부분은 석탄이나 석유 등의 연소에 의해서예요. 그래서 공업화가 진행된 선진국이 배출량이 많은 거예요.

나라	배출 비율	1인당 배출량
중국	28.4%	6.8t/1명
미국	14.7%	15.1t/1명
인도	6.9%	1.7t/1명
러시아	4.7%	11.0t/1명
일본	3.2%	8.5t/1명
독일	2.1%	8.4t/1명
한국	1.8%	11.7t/1명
아프리카의 여러 나라	3.7%	0.98t/1명

지구온난화로 인해 일어날 일들

동물들이 줄어든다.
얼음 위에서 생활하는 북극곰 등의 수가 줄어들어요. 육지를 인간이 개발하며 그곳에 살고 있던 동물들의 수도 줄어들어요.

기후가 변한다.
구름의 형태나 바람이 부는 방향이 변하며, 비가 적게 내려 사막화되거나 반대로 대량의 비가 내려 홍수가 나요.

병이 늘어난다.
기온이 올라 병이 발생하기 쉬워져요. 모기에 물려 고열이 나는 말라리아 등이 더 많아져요.

먹을 것이 적어진다.
기온 상승에 의해 식생이 변화해 농작물이 잘 자라는 지역의 위치가 변하거나 감소하며, 물고기 등이 잡히지 않기도 해요.

바닷물이 늘어 육지가 줄어든다.
북극과 남극의 얼음이 녹아 해수면의 높이가 올라가요. 고도가 낮은 곳의 토지나 섬들이 바다에 잠겨요.

멸종위기종 순위 — 야생생물의 목숨이 위험해요!

지구상에는 3000만 종 이상의 야생생물들이 살고 있어요. 그 중에서 멸종될 우려가 있는 생물을 '멸종위기종'이라고 하며, 그 수는 3만 종이 넘어요.

'적색 목록'이 뭐야?

국제자연보전연맹(IUCN)은 야생생물의 생태를 조사해 멸종 우려가 있는 종류를 '적색 목록'으로 정리하고 있어요. 2020년 7월에 발표된 적색 목록에서는 12만 372종을 조사했으며, 멸종위기종의 숫자는 3만 2441종이 되었어요. 2000년에는 2만 종 이하였으나, 20년 사이에 1만 2000종 이상이나 증가한 거예요.

멸종위기종이 많은 나라 TOP 10 (2020년)

순위	국명(지역)	멸종위기종의 수
1위	① 마다가스카르(동아프리카)	3001
2위	② 에콰도르(남아프리카)	2509
3위	③ 말레이시아(동남아시아)	1747
4위	④ 인도네시아(동남아시아)	1742
5위	⑤ 멕시코(중앙아메리카)	1728
6위	⑥ 미국(북아메리카)	1704
7위	⑦ 오스트레일리아(오세아니아)	1610
8위	⑧ 탄자니아(동아프리카)	1320
9위	⑨ 브라질(남아프리카)	1237
10위	⑩ 중국(동아시아)	1214

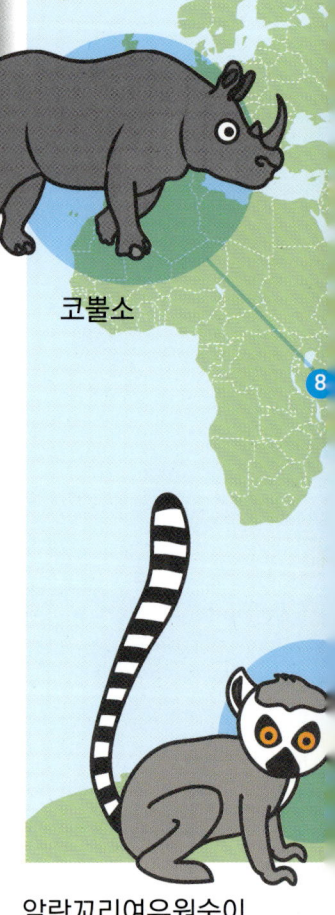

코뿔소

알락꼬리여우원숭이

이토 가이치 감수

호세이대학 문학부를 졸업한 후 43살에 와세다대학 교육부에 들어갔습니다. 도진 하이스쿨 등에서 강사를 맡았으며, 현재는 온라인 예비학교에서 고교 일본사, 윤리, 정치경제, 현대사회, 중학지리, 역사 등을 가르치고 있습니다. 『日本一生徒数の多い社会講師』, 『47都道府県の歴史と地理がわかる事典』, 『笑う日本史』, 『くわしい中学公民』 등의 책을 출간했습니다.

이토 미츠루 그림

광고 디자이너를 거쳐 일러스트레이터로 활약하고 있으며, 따스한 느낌을 주면서도 재미를 주는 감각적인 캐릭터를 그리는 것을 좋아합니다. 작업한 책으로는 『栄養素キャラクター図鑑』을 시작으로 『こどもおしごとキャラクター図鑑』외 다수가 있습니다.

김민식 옮김

한림대학교에서 일어일문학과를 복수 전공하고, 일본의 릿쿄 대학으로 교환학생을 다녀왔습니다. 현재는 일본 관광 통역 안내사 자격을 획득하고 관광 관련 직종에 재직 중에 있습니다.

초판 인쇄일 2024년 5월 20일 초판 발행일 2024년 5월 27일

감수 이토 가이치 그림 이토 미츠루 글 고마츠 사무소 번역 김민식
발행인 김영숙 신고번호 제2022-000078호 발행처 북장단
주소 (10881) 경기도 파주시 회동길 445-4(문발동 638) 408호
전화 031)955-9221~5 팩스 031)955-9220
인스타그램 @ddbeatbooks 메일 ddbeatbooks@gmail.com

기획·진행 김태호 디자인 김보리 영업마케팅 김준범, 서지영
ISBN 979-11-983182-8-2 정가 14,000원

KYARA E DE MANABU ! SEKAI NO KUNI ZUKAN
supervised by Gaichi Ito, illustration by Mitsuru Ito, written by Komatsujimusho
Text Copyright © Gaichi Ito, Komatsujimusho, 2021
Illustration copyright © Mitsuru Ito, 2021
All rights reserved.
Original Japanese edition published by Subarusya Corporation.

This Korean edition published by arrangement with Subarusya Corporation, Tokyo
in care of Tuttle-Mori Agency, Inc., Tokyo through ERIC YANG AGENCY, Seoul.

* 북장단은 도서출판 혜지원의 임프린트입니다. 북장단은 소중한 원고의 투고를 항상 기다리고 있습니다.

이 책의 한국어판 저작권은 에릭양 에이전시를 통한 저작권사와의 독점 계약으로 북장단에 있습니다.
저작권법에 의해 한국 내에서 보호를 받는 저작물이므로 무단전재와 복제를 금합니다.
본문 중에 인용한 제품명은 각 개발사의 등록상표이며, 특허법과 저작권법 등에 의해 보호를 받고 있습니다.

1. 제조자   북장단
2. 주소   경기도 파주시 회동길 445-4 408호
3. 전화번호 031-955-9224
4. 제조년월 2024년 5월 20일
5. 제조국   대한민국
6. 사용연령 8세 이상

사용상 주의사항
- 종이에 긁히거나 손이 베이지 않도록 주의하세요.
- 제품을 입에 넣거나 빨지 않도록 주의하세요.
- KC마크는 이 제품이 공통안전기준에 적합하였음을 의미합니다.